红色经典故事无障碍阅读系列

雷锋日记

雷锋 著

台海出版社

图书在版编目（CIP）数据

雷锋日记 / 雷锋著. -- 北京：台海出版社，
2021.8（2025.4重印）
　ISBN 978-7-5168-3010-9

　Ⅰ. ①雷… Ⅱ. ①雷… Ⅲ. ①雷锋（1940-1962）—
日记－选集 Ⅳ. ①D648

中国版本图书馆CIP数据核字(2021)第092559号

雷锋日记

著　　者：雷　锋

责任编辑：姚红梅　　　　　　　　封面设计：侯茗轩
策划编辑：村　上　盖　克

出版发行：台海出版社
地　　址：北京市东城区景山东街20号　　邮政编码：100009
电　　话：010-64041652（发行，邮购）
传　　真：010-84045799（总编室）
网　　址：http://www.taimeng.org.cn/thcbs/default.htm
E-mail：thcbs@126.com

经　　销：全国各地新华书店
印　　刷：天宇万达印刷有限公司
本书如有破损、缺页、装订错误，请与本社联系调换

开　　本：880毫米 × 1230毫米　　　1/32
字　　数：105千字　　　　　　　　印　张：6
版　　次：2021年8月第1版　　　　印　次：2025年4月第2次印刷
书　　号：ISBN 978-7-5168-3010-9

定　　价：20.00元

导 读

　　雷锋，1940年（农历庚辰年）出生于湖南望城县（现已改为望城区）一个穷苦的农民家庭，父母给他取乳名"庚伢子"。雷锋一家5口人，除了他以外，还有他的父亲、母亲、哥哥、年幼的弟弟。

　　雷锋的童年是悲苦的：三岁那年的冬天，临近年关，地主上门逼债，他的祖父雷新庭含恨去世；他的父亲雷明亮早年参加湖南农民运动，1938年被国民党反动派抓夫，惨遭毒打后便经常吐血，回到了家乡养病，1944年又遭到日寇的毒打，伤势加重，第二年去世；他的哥哥雷正德十二岁外出当童工，在繁重劳动的折磨下不仅患了肺结核，还被机器轧伤

了胳膊和手指，终因无钱医治死去；他未成年的弟弟，也因为连饿带病过早地夭折了；他的母亲辛苦一辈子操持一家人的生活，勉强度日，后来遭到了地主的凌辱，含恨悬梁自尽。雷锋自七岁起就沦为孤儿。

1949年8月，望城解放后①，同其他的穷苦人一样，雷锋也从此翻了身，得到了党和人民政府的关怀，幸福地成长。他参加了儿童团（后改为中国少年先锋队），念了书。小学毕业后，雷锋参加了工作，当上了乡政府的通信员和望城县委的公务员。再后来，他先后在望城县治沩工程指挥部、团山湖农场和辽宁鞍山钢铁公司化工总厂当拖拉机手和推土机手，由于工作出色，多次被评为"红旗手""劳动模范""先进生产者"。1960年，他参加了中国人民解放军，在部队的培养和教育下，他进一步提高了觉悟，树立了全心全意为人民服务的思想和为共产主义奋斗终生的远大目标。

从《雷锋日记》中，我们经常可以看到"我要做人民的勤务员""把自己的毕生精力和整个生命为人类的解放事业——共产主义全部献出"这样的豪言壮语，这是一位伟大

① 在本书的编辑过程中，对于文中使用的不符合当下汉语使用习惯和规范的用字、标点符号等未作改动，旨在尽量保留作者的原笔原意，请读者知晓。

的共产主义战士的内心独白。这些思想发芽于雷锋对新旧社会的比较，深深地根植于他对新生活的无限热爱，以及对党的抚育恩情难以报答的真挚情感，所以才显得更加朴实，可爱。

现在，同学们生活多么幸福，不仅有书念，而且丰衣足食。从物质层面来讲，他们无疑是富足的，但是从精神层面来说，他们却又是匮乏的。

通过学习《雷锋日记》，希望同学们能够懂得幸福来之不易，要倍加珍惜；能够懂得父母的养育恩情，要倍加感谢；能够懂得社会是我们共同的家园，要学会与人为善；能够懂得浪费可耻，要学会勤俭节约。

通过学习《雷锋日记》，我们不仅可以了解雷锋生活上的点点滴滴，思想上的层层进步，更可以透过生活中琐碎、平凡的小事，深切理解并掌握"雷锋精神"的精髓。"雷锋精神"之所以伟大，不是因为它是以雷锋的名字命名的，而是它体现出了中国共产党提出的全心全意为人民服务的精神宗旨。雷锋是众多实践者中非常杰出的一位。

从《雷锋日记》中，我们大体可以为这种精神总结出四点观念：

一是为实现共产主义伟大理想而砥砺奋进的革命精神；

二是忠于党和人民，舍己为公、大公无私的奉献精神；

三是立足本职，在平凡的工作中创造出不平凡业绩的"钉子精神"；

四是苦干实干、不计报酬、争做贡献的艰苦奋斗精神。

这些精神共同构筑了一座永不褪色的思想丰碑，滋养了一代又一代优秀的中华儿女，它是我们民族的集体价值观，直到今天依然光辉灿烂。

目 录

一九五八年　　　　　　　　　001

一九五九年　　　　　　　　　003

一九六〇年　　　　　　　　　013

一九六一年　　　　　　　　　033

一九六二年　　　　　　　　　085

附录一　雷锋诗歌选辑　　　119

附录二　雷锋书信选辑　　　134

附录三　雷锋文章选辑　　　140

附录四　雷锋讲话选辑　　　164

一九五八年

一九五八年六月七日

……如果你是一滴水，你是否滋润了一寸土地？如果你是一线阳光，你是否照亮了一分黑暗？如果你是一颗粮食，你是否哺育了有用的生命？如果你是一颗最小的螺丝钉，你是否永远坚守在你生活的岗位上？如果你要告诉我们什么思想，你是否在日夜宣扬那最美丽的理想？你既然活着，你又是否为未来的人类的生活付出你的劳动，使世界一天天变得更美丽？我想问你，为未来带来了什么？在生活的仓库里，我们不应该只是个无穷尽的支付者。

一九五八年六月二十日

读《浮沉》以后，这本书给了我深刻的印象，沈浩如和简素华的恋爱故事教育了我。我认为简素华的那种坚强不屈的意志，那种高尚的共产主义风格，那种克服困难的决心和信心，那种艰苦朴素的工作作风，对群众那样的关怀，是值得我学习的。沈浩如同志是一个有严重资产阶级意识的人，处处只为个人打算，怕吃苦，他那些可耻的行为，我坚决反对。

一九五八年六月×日

一、保证克服一切困难，勤学苦练，早日学会技术。

二、保证破除迷信，大闹技术革命。

三、保证维护好机械，做到勤检查，勤注油；保证全年安全生产，不出机械和人身事故。

四、保证以冲天的革命干劲，以百战百胜的精神，苦干、实干、巧干，超额完成生产任务。

五、保证百分之百地参加学习和各种会议，以求得政治、文化、技术各方面的提高。

六、保证做好社会宣传工作，敢想、敢说、敢干，发挥一个共青团员应有的热能。

一九五九年

一九五九年八月二十六日

自从由鞍山转到弓长岭以来，自己就抱定决心：一定要很好地工作、学习，争取加入中国共产党。对各种学习任务都能认真完成；自学较好，每天早晨学习一小时，晚上总是要自学到深夜十至十一点钟；早晨坚持做早操，没有违犯过纪律，都能按规定去做。今后，我应当继续加强组织纪律性，向违法乱纪做斗争，严守纪律，听从指挥，做好机器检查和保养，保证安全，消灭事故。努力学习政治，开展思想斗争和批评与自我批评，加强团结，虚心学习。

一九五九年八月三十日

我深深地认识到，做每一件工作，完成每一项任务，哪怕是进行每一次学习，都十分需要听党的话，听领导的话，争取领导的帮助和支持。

党和领导叫怎样去做，就不折不扣地按党的指示去做。这样，就是有再大的困难，也有办法克服；再艰巨的任务，也能完成。相反，如果脱离了领导，不听党的话，光凭个人的心愿去做事情，是很难做好的，甚至要犯错误。有些同志思想进步慢，工作成绩差，是什么原因呢？我认为原因只有一个，就是自以为正确，不听党的话，不听群众的话，明明自己的看法不对，也不改正；明明领导和同志们的意见是正确的，也不诚恳地接受。这样，就会落后。

党的声音，就是人民的声音。

听党的话，就会开放出事业的花朵！

一九五九年十月×日

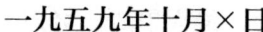

一、加强修养，努力学习团纲、团章和有关团员修养的书籍，处处听党的话……

二、把自己的全部力量献给党的建设事业。在生产中，一定完成任务，一红到底，有一分热发一分光。

三、虚心向群众学习，并以团员的模范作用，带动群众前进。

四、掌握批评与自我批评的武器，经常向支部汇报自己的思想情况。在支部的直接领导、监督下，努力改造自己的思想。

一九五九年十月×日

　　昨天，我听到一位从北京开积极分子代表大会回来的同志做报告。他说，毛主席在北京接见了他们，毛主席的身体很健康，对我们青年一代无比地关怀和爱护……

　　当时我的心高兴得要蹦出来。我想，有一天我能和他一样，见到我日夜想念的毛主席该有多好，多幸福啊！

　　可巧，我在昨天晚上做梦就梦见了毛主席。他老人家像慈父般地抚摸着我的头，微笑地对我说："好好学习，永远忠于党，忠于人民！"我高兴得说不出话来了，只是流着感激的热泪。早上醒来，我真像见到了毛主席一样，浑身是劲，总觉得这股劲，用也用不完。

　　我决心听党的话，听毛主席的话，永远忠于党，忠于毛主席，好好地学习，顽强地工作，为党和人民的事业贡献自己的一切，做一个毫无利己之心的人。我一定争取实现自己最美好的愿望，真正见到我们最伟大的领袖毛主席。

一九五九年十月×日

一九五八年入厂的时候，我只是一个抱着感恩的思想埋头苦干的工人，在生产上只能做到完成自己的任务和达到每天的定额。

后来，在党的教育下，特别是受到党的社会主义建设总路线和全国人民冲天干劲的鼓舞，才使我的思想和眼界变得更加开朗和远大，才使我的干劲越来越高涨。

在党的教育下，思想开阔了。我懂得了这个道理：一朵鲜花装扮不出美丽的春天，一个人先进总是单枪匹马，众人先进才能移山填海。

一九五九年十月二十五日

青春啊，永远是美好的，可是真正的青春，只属于这些永远力争上游的人，永远忘我劳动的人，永远谦虚的人！

一滴水，只有放进大海里，才永远不会干涸；一个人，只有当他把自己和集体事业融合在一起的时候才能最有力量。

一九五九年十一月二日

向市劳动模范张秀云学习。首先学习她高度的主人翁责任感，对党对社会主义建设事业的赤胆忠心；学习张秀云同志积极主动、帮助别人、大公无私、舍己为人的共产主义思想和团结群众的优良作风；学习她坚持向群众学习、不断充实自己、谦逊好学的精神。

一九五九年十一月十四日

今天，我感到特别高兴。一天紧张工作过后，一点儿也不觉得疲劳，我感到浑身是劲。夜晚，我还坐在车间调度室里，看一本学习毛泽东同志的思想方法和工作方法的书，真使我看得入了迷，越看越感到毛主席的英明和伟大。

深夜十一点钟了，走到门外，天黑得伸手不见五指，这时突然下起雨来了。陈调度员说，我们建筑焦炉工地上，还散放着七千二百袋水泥。陈调度员急得一时手足无措。这时，我猛然想到了党的教导，要我们爱护国家的财产，又想到了我是一个共青团员。想到这些，一种无穷的力量鼓舞着我跑到宿舍，发动了二十多个小伙子，组织了一个抢救水泥的突击队。他们有的忙着找雨布，有的忙着找芦席，盖的盖，抬的抬。经过一场紧张的战斗，避免了国家的财产受到重大的损失。

这时，我才松了一口气，抹掉了头上的汗，带着乐观的心情，昂首阔步回到了宿舍，回忆自己为国家、为党做的一点点工作而高兴。

一九五九年十一月×日

我们在建设焦化厂当中，住不好、吃不好和工作环境不好等，这些困难都是暂时的、局部的、可以克服的。只要我们有叫高山低头、河水让路的气概，是没有战胜不了的困难的。

一九五九年十一月二十日

我在鞍钢开推土机时，车间主任给了我一个任务，要我带三个学员。自己的技术不高，又怎能教好学员呢？可是，我想到这是党给我的任务，我一定要坚决完成。在驾驶和学习机器构造原理时，我和他们互相研究。我不懂就去请教其他师傅，而后再告诉他们。他们只用四个月就学会了开推土机。毕业后，工厂要给我三十六元带学员的师傅钱，我没要。我学的技术是党培养的，今天告诉别人是应该的。

一九五九年十一月二十六日

中午十二点，我刚从车间开完会回到宿舍，一进门就被大家围住了。小王拿着一张报纸跑到我跟前说："雷锋同志，你看，你上次在雨夜抢救水泥，登了共青团员报了！"当时，我也和大家同样感到高兴。这对我和大家来说，都是很大的鼓舞。

我这么一点点贡献，比起党对我的要求和希望还是做得很不够的，但是我有决心忘我地劳动，赤胆忠心，不骄不傲地乘胜前进。多为党做一些工作，这就是我感到最光荣的。

一九五九年十二月四日

昨天，听到车间总支李书记关于一九五九年征兵的报告后，我激动得一时一刻都没有平静。深夜了，我怎么也睡不着觉，便从床上爬起来，跑到了车间办公室，叫醒了已熟睡的李书记。我问他："我能不能入伍呀？"李书记笑着回答说："能呀！像你这样身强力壮的小伙子，参加人民解放军是顶呱呱的哩！"他从头到脚仔细地看了我一下说："哎呀，小雷怎么没穿棉衣呀！下这么大的雪，不冷吗？"这时我才觉得穿一件衬衣有点儿寒冷。李书记把棉衣披在我的身上。回到了宿舍，我还是不想睡觉，坐在条桌旁写我的入伍申请书和决心书。

今天一清早，我就到车间报了名。现在，我的愿望就要实现了，我怎么能够不高兴呢！只要组织上批准我入伍，我一定要把自己最可爱的青春献给我们的祖国，做一个真正的共产主义革命战士……

一九五九年十二月七日

　　早上六七点钟，我和厂里的朱主席以及其他几位代表们坐火车到了弓矿开先进生产者、红旗手以及工段以上的干部大会。

　　当我一走进会场时，真把我吸引住了：会场布置得是那么的庄严、美丽。上午九点钟，会议正式开始。首先党委高书记宣布了大会主席团名单，其中有我一个。当我走上主席台时，我那颗火热的心是多么地激动啊！像我这样一个放猪流浪出身的穷孩子，今天能参加这样的大会，同时还把我选为主席团的成员。我是党的，光荣应该归功于党，归功于热情帮助我进步的同志们。

一九五九年十二月八日

　　一个革命者，当他一进入革命行列的时候，就首先要确立坚定不移的革命人生观。

　　树立这样的人生观，就必须培养自己的思想道德品质，处处为党的利益，为人民的利益着想，具有大公无私、舍己为人的风格。

要能够为党的利益，为集体的利益不惜牺牲自己的利益。否则就是个人主义者，是资产阶级的人生观。

一九五九年十二月二十日

一个人出生在世界上以后，除了早夭的以外，总要活上几十年。每个人从成年一直到停止呼吸的几十年的生活，就构成各人自己的历史。至于各人自己的历史画面上所涂的颜色是白的、灰的、粉红的或者鲜红的，虽然客观因素起一定作用，但主观因素起决定性的作用。每个人每时每刻都在写自己的历史，每个共产党员和共青团员都应该好好地想一想，怎样来写自己的历史。每个共产党员和共青团员时时刻刻都要以马克思列宁主义、毛泽东思想作为自己思想行动的指导，真正做到言行一致。我要永远保持自己历史鲜红的颜色。

一九六〇年

一九六〇年一月×日

我出身于贫苦家庭，在旧社会过着缺衣少吃的苦日子。那种受奴役、被欺凌的仇恨，我永远铭记在心。

一九六〇年一月八日

这天是我永远不能忘记的日子，这天是我最大的荣幸和光荣的日子。我走上了新的战斗岗位，穿上了黄军服，光荣地参加了中国人民解放军。我好几年来的愿望在今天实现了，真感到万分高兴和喜悦。这是我一生最大的幸福。

在党的正确领导下，在革命的大家庭里，我一定要好好地锻炼自己，在入伍的这一天，我并提出如下保证：

一、听党的话，服从命令听指挥，党指向哪里，我就冲向哪里。

二、加强政治学习，多看报纸和政治书籍，按时参加部队各种会议和学习，积极宣传党的政策，密切靠近组织，及时向组织反映各种情况，不断提高自己的政治思想觉悟。

三、尊敬领导，团结同志，互帮互爱互学习。

四、严格遵守部队一切纪律，做到虚心向老战士学习，刻苦钻研，加强军事学习，随时准备打击敌人。

五、克服一切困难，发扬先辈优良的革命传统。我要坚决做到头可断，血可流，在敌人面前决不屈服、投降。我一定要向董存瑞、黄继光、安业民等英雄的战士学习。

六、我要努力学习政治、军事、文化，我要好好地锻炼身体。我一定要在部队争取立功当英雄，我一定要做一个毛泽东时代的好战士，我要把我可爱的青春献给祖国最壮丽的事业。

以上六条是我努力的方向和奋斗目标。今天我太高兴太激动，千言万语一下要写完是办不到的，因此写到这里告一段落。

我渴望已久的参加中国人民解放军的理想实现了，怎么叫我不高兴呢！我恨不得把我的心掏出来献给党才好。晚上我怎么也睡不着，我的心就像大海的浪涛一样，好久不能平静。

014

我，一个在旧社会受苦受罪的穷苦孤儿，现在成为一个国防军战士，得到党和首长的信任，受到战友们的热爱，我真不知说什么好……

在这个革命的大家庭里，首长胜过父母，战友亲过兄弟。这一切，只有在党的领导下的人民军队里才能得到。

我一定不辜负党对我的教育和期望，我决心保持和发扬我们弓长岭矿全体职工的光荣，军政学习争优秀，全心全意保卫国防，成为一个优秀的国防军战士。

一九六〇年一月十二日

向困难做斗争

"斗争最艰苦的时候，也就是胜利即将来到的时候，可也是最容易动摇的时候。因此，对每个人来说，这是个考验的关口。

"经得起考验，顺利地通过这一关，那就成了光荣的革命战士；经不起考验，通不过这一关，那就要成为可耻的逃兵。

"是光荣的战士，还是可耻的逃兵，那就要看你在困难面前有没有坚定不移的信念了。"

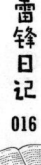

*　　　*　　　*　　　*　　　*

"困难里包含着胜利，失败里孕育着成功，革命战士之所以伟大，就是因为他们能透过困难看到胜利，透过失败看到成功。因此他们即使遇到天大的困难，也不会畏怯逃避；碰到严重的失败，也不至气馁灰心，而永远是干劲十足，勇往直前，终于成为时代的闯将。"

*　　　*　　　*　　　*　　　*

"虽然是细小的螺丝钉，是个微细的小齿轮，然而如果缺了它，那整个的机器就无法运转了，漫说是缺了它，即便是一枚小螺丝钉没拧紧，一个小齿轮略有破损，也要使机器的运转发生故障的。

"尽管如此，但是再好的螺丝钉，再精密的齿轮，它若离开了机器这个整体，也不免要被当作废料扔到废铁料仓库里去的。"

一九六〇年一月十八日

雷锋同志：

愿你做暴风雨中的松柏，

不愿你做温室中的弱苗。

（自己题）

一九六〇年×月×日

可以说在我的周身的每一个细胞里，都渗透了党的血液。

为了忠于党的事业……今后，我一定要更好地听从党的教导，党叫我干什么，我就干什么，决不讲价钱。

……

一九六〇年二月八日

我出生在一个很贫穷的农民家庭，在旧社会里受尽了折磨和痛苦。参军以后，我在党的培养教育下，深深懂得了社会主义的今天是由无数革命先烈和战友的艰苦奋斗、英勇牺牲得来的。从我参加革命那天起，就时刻准备着为了党和阶级的最高利益牺牲个人的一切，直至最宝贵的生命。

一九六〇年三月×日

我学习了毛主席著作以后，懂得了不少道理，脑子里一豁亮，越干越有劲儿，总觉得这股劲儿永远也使不败。

我为群众尽了一点儿自己应尽的义务，党却给了我极大的荣誉。去年我被评为先进生产者，并出席了鞍钢的青年建设积极分子大会。这完全是由于党的培养，是由于毛主席思想给了我无穷的力量，是由于广大群众支持的结果。我要永远地记住：

"一滴水只有放进大海里才能永远不干，

一个人只有当他把自己和集体事业融合一起的时候才能有力量。"

"力量从团结来，智慧从劳动来，

行动从思想来，荣誉从集体来。"

我要永远戒骄戒躁，不断前进。

一九六〇年三月十日

在今天的电影里，我看到了英勇的革命战士黄继光。他为了党和人民的事业，为了人类的解放而献出了自己最宝贵的生命。……他这种为了党和人民的事业而牺牲了自己的崇高精神是值得我永远学习的。

一九六〇年六月五日

要记住：

"在工作上，要向积极性最高的同志看齐；在生活上，要向水平最低的同志看齐。"

一九六〇年六月×日

单丝不成线，独木不成林。一个人是办不了大事的，群众的事一定要发动群众、依靠群众自己来办。……我一定虚心向群众学习，永远做群众的小学生。只有这样，才能做好工作，才能不断进步。

我深切地感到：当你和群众交上了知心朋友，受到群众的拥护时，这样会给你带来无穷的力量，再大的困难也能克服。无论在什么艰苦的环境中，都会使你感到温暖和幸福。

一九六〇年八月二十日

望花区成立了一个人民公社，我把平时节约下来的一百元钱，支援了他们；辽阳市遭受了洪水的灾害，我把省吃俭用积存的一百元钱寄给了辽阳灾区人民。有些人说我是"傻子"，是不对的。我要做一个有利于人民、有利于国家的人。如果说这是"傻子"，那我是甘心愿意做这样的"傻子"的。革命需要这样的"傻子"，建设也需要这样的"傻子"。我就是长着一个心眼儿，我一心向着党，向着社会主义，向着共产主义。

一九六〇年十月二十一日

今天吃过早饭，连首长给了我们一个任务：上山砍草搭菜窖。

……劳动到了十二点，大家拿着自己从连里带来的一盒饭，到达了集合地点，去吃中午饭。当时，我发现王延堂同志坐在一旁看着大家吃，我走到他面前一看，他没有带饭来，于是我拿出了自己的饭给他吃。我虽然饿一点儿，让他吃饱，这是我最大的快乐。我要牢牢记住这段名言：

"对待同志要像春天般的温暖，

对待工作要像夏天一样的火热，

对待个人主义要像秋风扫落叶一样，

对待敌人要像严冬一样残酷无情。"

一九六〇年十一月六日

昨天我向于助理员请好了假，去辽阳化工厂看我原来的厂领导和工人。

今天早上我从沈阳乘火车到了辽阳市。因没赶上火车，我到了辽阳市武装部，见到了于政委。他像父亲一样，左手握着我的手，右手抚摸着我的头，微笑地说："小雷锋，我昨天在日记本子里还看到了你以前给我的那张相片，我还想起了你，真想不到你今天来这里。"

他带我到办公室，亲切地问我在部队的情况，我激动地向首长汇报了自己的工作和学习情况。于政委听了说："好，应当好好干，把自己的力量献给党的事业。"

八点钟了，他送我到车站。下午七点钟，我乘火车到了安平，七点半钟就到了我原来的工厂——焦化厂。

我走进党总支办公室，书记、厂长看见是我回来了，真是高兴。我也非常兴奋，好像见到了自己的亲人一样。他们真是热情地招待，给我倒茶，还给我做了饺子和鱼吃，把我安置在一间很温暖的房子里睡觉；还带我到厂内参观了现代化的机器生产。

我见到了许多以前和我在一起工作的同志，感到高兴万分。他们有的还给我介绍了生产情况。我看到新建的焦炉都出焦了，想起自己为这焦炉的建筑贡献过一滴汗水，从心眼儿里感到十分骄傲和自豪。

一九六〇年十一月八日

一九六〇年十一月八日是我永远不能忘记的日子。今天，我光荣地加入了伟大的中国共产党，实现了自己最崇高的理想。

我激动的心啊！一时一刻都没有平静。伟大的党啊！英明的毛主席！有了您，才有了我的新生命。我在九死一生的火坑中挣扎和盼望光明的时刻，是您把我拯救出来，给我吃的、穿的，还送我上学念书。我念完了高小，戴上了红领巾，加入了光荣的共青团，参加了祖国的工业建设，又走上了保卫祖国的战斗岗位。在您的不断培养和教育下，我从一个孤苦伶仃的穷孩子，成长为一个有一定知识和觉悟的共产党员。

伟大的党啊，您是我慈祥的母亲，我所有的一切都是属于您的，我要永远听您的话，在您的身下尽忠效力，永做您忠实的儿子。

今天我入了党，使我变得更加坚强，思想和眼界变得更加开阔和远大。我是一个共产党员，人民的勤务员。为了全人类的自由、解放、幸福，哪怕高山、大海、巨川；为了党和人民的事业，就是入火海进刀山，我也甘心情愿。头断骨粉，身红心赤，永远不变！

一九六〇年十一月十四日

今天早上，我和于助理员到达了安东（现在的丹东）××部队，首长们对我亲切的关怀和照顾，让我感到革命大家庭的温暖和幸福。

上午九点四十分，首长要我给干部训练队做一次汇报。当我讲到旧社会的苦时，痛苦的眼泪直掉。在座的首长和到会的同志们都十分同情我，有半数以上的人掉下了眼泪。会后他们进行了讨论，人人表示决心，一定要紧握手中的武器，将革命进行到底，彻底粉碎帝国主义，解放全世界的劳苦人民。

一九六〇年十一月十五日

我们决不能好了疮疤忘了疼

在今天演出的评剧《血泪仇》里，看到了像王东才、小贵芳他们遭受阶级敌人的迫害，甚至被强奸、逼死的惨景，不禁勾起我无限辛酸的回忆。我出生在一个很贫穷的农民家庭，我父亲靠给地主当佃农来维持一家半饱的生活，终年辛勤地劳动，可到了新年初一，全家五口人，有米不到半升，哥哥只好领着我出去"送财神"，讨点儿饭回来吃。

……

那时我虽然年纪小，对那些要命的野兽般的帝国主义和黑暗的社会是多么入骨地痛恨！那时我真想：要是有亲人来搭救我，我一定要拿起枪，粉碎那些狗豺狼，为爹妈报仇！

……

今天，在社会主义社会里，在革命的大家庭里，我们生活在伟大的毛泽东时代，是多么幸福啊！对我来说，这是特别深切感受到的。我们决不能"好了疮疤忘了疼"，应该"饮水思源"，想想过去，看看现在。我们都不能不以革命的名义来对待一切事业，更高地举起毛泽东思想红旗，发扬革命先烈们艰苦奋斗的精神和优良的传统，全心全意地投入社会主义建设事业，做出更多更好的成绩，才不辜负先烈们的期望，才不辜负党和伟大的领袖毛主席对我们的关怀和鼓舞。

一九六〇年十一月×日

今天我们处在一个翻天覆地、千变万化的时代，一个英雄辈出、百花盛开的时代，一个六亿人民精神振奋、斗志昂扬、意气风发的时代。在这样的时代里，我们应当鼓足更大的革命干劲，激发更大的革命热情，站得高些，更高些；看得远些，更远些！

一九六〇年十一月二十一日

今天是我永远不能忘记的日子。下午一点半钟，我在沈阳军区工程兵部见到了上级首长。

吕政委对我说："受了阶级的压迫，受了民族的压迫，你没有忘本，很好啊！在旧社会受阶级压迫，剥削……穷人没出路……你听了毛主席的话，做了很多工作，做得很对。今天我们革命，不能忘本，忘本就很糟糕。以前做得很好，今后要继续这样做。要读毛主席的书，听毛主席的话，忠实于党，忠实于人民，忠实于毛主席。做出成绩，什么时候都是应该的……要更加虚心，对领导要尊敬，对同志要团结，要努力做毛泽东时代的好战士，要做一个模范的共产党员。"

首长的教导，我深深地印在脑海里。我一定要好好学习和工作，永远听党的话，听毛主席的话，跟党走，做毛主席的好战士。

一九六〇年十一月二十七日

在今天的授奖大会上，工程兵党委授予我"模范共青团员"的光荣称号，团党委授予我"五好战士"的光荣称号，并授予我"五好战士"的荣誉证书。

我真感到十分惭愧。

我为党做的工作太少了，仅仅尽了一点点本身应尽的义务，党和人民却给了我这么大的荣誉……

我的慈祥的母亲——中国共产党和毛主席把我哺育大的，要是没有党和毛主席，就没有我的一切。今天我所取得的这一点点成绩，应归功于不断培养、教育我成长的党和毛主席，应归功于热情帮助我进步的同志们。

我决心继续努力，保持荣誉，发扬光荣，永远听党的话，听毛主席的话，读毛主席的书，做毛主席的好战士。

一九六〇年十一月×日

今天，我生长在幸福的毛泽东时代，处处感到温暖。祖国到处都有我慈祥的母亲——伟大的中国共产党对我无微不至的关怀和教育。我这一点点贡献比起党对我的要求和期望还做得很不够。我决心听党的话，好好学习，忘我地工作，积极参加劳动，奋发图强，勤俭建设社会主义。

练熟手中武器，学好军事技术，时刻准备着，当党需要我时，我一定挺身而出，不怕牺牲和一切困难，永远忠于党，忠于人民。继承先辈优良的革命传统，为保卫社会主义建设，为保卫世界和平，我要把自己可爱的青春献给祖国最壮丽的事业，做一个真正的共产主义革命战士……

一九六〇年十二月×日

……

我深切地认识到，要想成长进步，要想为党做更多的工作，就必须认真读毛主席的书，听毛主席的话，照毛主席的指示办事，才能做毛主席的好战士。

我一定要抓紧点滴时间进行学习，做到书不离身，有空就掏出来看一段，在明年读完《毛泽东选集》第四卷中的《抗日战争胜利后的时局和我们的方针》《关于重庆谈判》《关于目前国际形势的几点估计》《目前形势和我们的任务》《将革命进行到底》《论人民民主专政》《丢掉幻想，准备斗争》等重要文章，重读《毛泽东选集》一、二、三卷中的重要文章，坚决做到边学、边想、边改、边运用。

我从开始学习毛主席著作那天起，就牢记这样几句话：理论学习如果脱离实际，即使学得烂熟，但是表里不一、言行不一，仍然不能很好地改造思想，所以理论学习应该联系实际，改造思想。

我决心要把毛主席的思想学到手，定要使毛主席的光辉思想在我的脑海里扎根，在我的一切实际行动中开花结果。与此同时，我要牢记毛主席的教导："虚心使人进步，骄傲使人落后。"

我们最敬爱的领袖毛主席就是我们永远学习的光辉榜样。他老人家是多么地谦虚啊！愿做群众的小学生。我呢？只是沧海之一粟，更应该虚心向群众学习。我一定要紧紧依靠党，依靠群众，永远做群众的小学生，永远听党的话，忠于党的事业，做毛主席的好战士。

一九六〇年十二月十八日

看了毛主席《和美国记者安娜·路易斯·斯特朗的谈话》的感想

我认真地读了这篇文章，越读越觉得心里明亮，一连看了好几遍。毛主席所说的每一句话，每一个字，都给了我无穷的力量，同时深深地教导了我。

我记得刚入伍的时候，团政治处主任给我们上第一堂政治课，他讲到帝国主义不甘心它的灭亡……准备进攻我们社会主义国家，妄想独霸全世界。

通过这篇文章的学习，我知道了帝国主义和一切反动派都是纸老虎。看起来，反动派的样子是可怕的，但实际上并没有什么了不起。从长远的观点看问题，真正强大的力量不是属于反动派，而是属于人民。美帝国主义想拿原子弹来吓倒我们，是决办不到的。历史证明了帝国主义和一切反动派都是纸老虎。拿我们中国的革命来说，全国人民在共产党的正确领导下，用小米加步枪，战胜了蒋介石的飞机加坦克，并推翻了几千年来压在我国人民头上的三座大山，解放了全中国，建立了人民当家做主的新国家。但是美帝国主义不甘心，想来夺取我们中国这块肥肉，因此在一九五〇年发动了侵朝战争，妄想利用朝鲜作跳板进攻中国。由于中国人民志愿军出国和朝鲜人民军配合英勇地作战，把美帝国主义打得落花流水，不得不和我们进行停战谈判。这些历史就证明了帝国主义和一切反动派都是纸老虎，并不可怕。原因正是毛主席所说的"……就在于反动派代表反动，而我们代表进步"。在这东风压倒西风的大好形势下，我坚决听毛主席的话，跟毛主席走，将革命进行到底。

一九六〇年十二月二十七日

"……不怕饥饿，不怕寒冷，不怕危险，不怕困难。屈辱，痛苦，一切难于忍受的生活，我都能忍受下去！这些都不能丝毫动摇我的决心，相反地，是更加磨炼我的意志！我能舍弃一切，但是不能舍弃党，舍弃阶级，舍弃革命事业。"

永垂不朽的革命烈士——方志敏同志是我永远学习的榜样。我出生在一个很贫穷的农民家庭，在旧社会受尽了折磨和痛苦，在慈祥的母亲——中国共产党的不断哺育和教导下，成为一个国防军战士、光荣的共产党员。我要时刻准备着为党和阶级的最高利益，牺牲个人的一切，直至生命。

一九六〇年十二月二十八日

毛主席说：任何工作"没有满腔的热忱，没有眼睛向下的决心，没有求知的渴望，没有放下臭架子、甘当小学生的精神，是一定不能做，也一定做不好的"。

我在党和毛主席的不断哺育和教导下，健康地成长起来。由于政治觉悟的不断提高，树立了为共产主义而奋斗的大志，在工作和学习中取得了一点点成绩，这应该归功于党，归功于帮助我的同志们。我一定永远牢记毛主席的教导，永远做群众的小学生。

一九六一年

一九六一年一月一日

一九六〇年已过去了，新的一九六一年在今天已开始。今天我感到特别地高兴。

入伍一年来，在党和首长的培养教导下，由于同志们的帮助，我学会了很多军事技术知识。刚入伍时什么也不懂，手拿着枪还心惊肉跳直怕走火。由于连、排首长把着我手教，我才学会了射击，投弹也是同样地取得了优秀的成绩。汽车理论和实际驾驶学习，每次测验也都是五分。在政治上也有很大的提高，特别是学习毛主席著作后，心里变得明亮了，思想和眼界变得更加开朗和远大了，干劲越来越足。由于政治觉悟的不断提高，我才能在工作和学习中做出一点点成绩，并于一九六〇年十一月八日加入了伟大的中国共产党。我从一个流浪孤儿，成长为一个共产党员，这完全是党的培养教育、同志们帮助的结果。

……

我要永远忠于党，保卫党的利益，为党的事业奋斗终生。

一九六一年一月十八日

在我们前进的道路上，不可能不遇到一些暂时的困难，这些困难的实质，"纸老虎"而已。

问题是我们见虎而逃呢，还是"遇虎而打"？

"哪儿有困难就到哪儿去"——不但"遇虎而打"，而且进一步"找虎而打"，这是崇高的共产主义风格。

一九六一年一月二十四日

看问题不仅要看现象，还要从现象中抓住本质。有人说南方的地主剥削农民轻些，农民受的苦浅些，北方的地主狠些，剥削农民重些，农民受的苦深一些，这都是不正确的。张三地主是活阎王，李四地主是笑面虎，这绝不能说张三地主不好，李四地主好些。天下的乌鸦一般黑……

一九六一年一月三十日

团首长要我从抚顺来到了驻××部队参加"两忆三查"的运动。昨天我在军人大会上忆了苦，到会的一千多名战友，以及家属都很同情我过去受的阶级苦和民族苦，都掉下了辛酸的眼泪……

今天我找了一个战友谈心。我问他在旧社会受过苦没有。

他低下了头回答说："我爸被日本鬼子抓去当劳工，冬天冻死了，三岁的小弟弟被饿死了，妈带着我要饭，受尽了折磨和痛苦。"

我又问他："在旧社会里为什么穷人受苦、富人享福呢？"

他说："穷人在旧社会命不好，富人的八字好，运气好。"

我说："过去所谓的富人——地主、资产阶级，现在都垮了台，穷人都当了国家的主人。这难道说富人的八字就不好了吗？穷人的命就都好了吗？"

他两眼看着我，答不上来。

他为什么回答不上来呢？主要是他还有迷信思想，没有掌握阶级分析的武器。

必须从阶级根源上来找原因，来认识它。一件事物为什么这样，怎么会这样，它符合哪个阶级的利益，不符合哪个阶级的利益，这样一分析它的性质就清楚了，是非就明白了，就能正确对待它了……

一九六一年二月二日

今天，我从营口乘火车到兄弟部队做报告。下车时，大北风刺骨地刮，地上盖着一层雪，显得很冷。我见到一位老太太没戴手套，两手捂着嘴，口里吹一点儿热气温于。我立即取下了自己的手套，送给了那位老太太。她老人家望着我，满眼含着热泪，半天说不出话来……

一路上，我的手虽然冻得像针扎一样，心中却有一种说不出的愉快。

一九六一年二月三日

今天我到达了海城后，上午做了一场报告，下午我和郅顺义老英雄见了面。

……老英雄抚摸着我的头，紧紧地握着我的手，亲切地问我多大年纪，什么时候入伍的。同时还倒给我一杯茶。

当时，我的心像抱着一只小兔子一样，怦怦直跳，有一肚子话可不知咋样说才好。我听说老英雄是董存瑞的亲密战友，我的心像压不住似的要往外蹦，万分敬佩和羡慕地叫他给我讲董存瑞的英雄事迹。

我听他说："董存瑞是六班的班长，我是七班的班长。在一九四八年五月二十五日打隆化县的时候，董存瑞在爆破组，我在突击组，我们的任务是要去炸掉敌人的四个碉堡和五个地堡。我们两个组牺牲了六个人，每组只剩下两个人了，董存瑞对我说：'就是剩一个人也要坚持战斗，不完成任务不回队！'在炸最后一个碉堡的时候，董存瑞用手举着炸药包，炸掉了敌人的碉堡，完成了战斗任务，我敬爱的革命战友董存瑞就这样英勇地为党的事业而光荣地牺牲了。"

我听到老英雄讲完董存瑞的英雄事迹后，我的心像大海的浪涛一样，久久不能平静，我感动得满眼热泪直掉。

董存瑞英雄对敌人万分地愤恨，对党和人民无限地忠诚。在战争当中，英勇顽强，丝毫不畏缩，为人民的解放牺牲自己。董存瑞英雄是我永远学习的好榜样，我一定要为党和阶级的崇高事业，随时准备牺牲自己的一切，直至生命。

郅顺义老英雄也是我永远学习的榜样，他在战斗当中，勇敢坚定、机动灵活。他俘虏敌人一百四十多人，缴获机枪四十多挺。

董存瑞和郅顺义两位英雄的事迹，深深地教育了我，给了我莫大的鼓舞和无穷的力量。我一定要时刻用这些英雄的事迹来鞭策自己，永远忠于党，忠于人民。

一九六一年二月十六日

今天我没去看剧，在家学习毛主席著作。

毛主席教导我们说："关心党和群众比关心个人为重，关心他人比关心自己为重。"

毛主席的这些话，深深地教育了我，使我的心豁然明亮了。我领到连部发给我的一斤苹果，怎么也舍不得吃，用自己心爱的手绢包了起来，放进了挂包里，心想来了客人给他们吃。

今天，想起了在病院里的伤病员同志，他们在新年佳节的时候，是多么需要人去安慰啊！我是人民的子弟兵，应该去好好慰问那些伤病员同志。把自己领到的一点点吃的东西送给伤病员吃，不是更有意义吗？下午三点钟，我拿着一斤苹果，连同自己写好的一封慰问信送给了抚顺市望花区职工西部医院。

一九六一年二月十七日

今天是春节假期的第四天。吃早饭的时候，连值班员说："上午九点集合到和平俱乐部看电影。"

有一个同志问了一句："是什么片子？"

他说："是《昆仑铁骑》。"

大家都说："好极了，可不要错过这个机会。"

我一边吃饭，一边想：春节五天假期过完了，十九号就要开始冬训。为了响应党的号召，支援农业第一线，争取今年农业大丰收，我还是去多积点儿肥，支援人民公社。这样做有两个好处：第一，以实际行动支援农业，对社员们是一个鼓舞，同时也更密切了军民关系。第二，替居民搞了卫生。因小孩儿在屋前屋后拉了很多大粪，看起来脏得很，我去把大粪捡起来，给居民把地扫干净，这真是一件一举两得的好事，既搞了卫生又积了肥。

说干就干，我推着手推车，拿着铁锹和粪筐，走到了望花区北后屯，看见工人住宅的屋前屋后有很多一小堆、一小堆的粪便，我便立刻捡了起来。一位老大爷从宿舍里出来，很惊奇地问我："军人同志，你们过节还不休息吗？"我回答说："响应党的号召，捡点儿大粪，支援农业，争取今年大丰收嘛。"那位老大爷点点头，笑着说："好啊好啊！你想得真周到，过年也不歇着，捡大粪送给公社，这得好好地表扬啦！这种精神也值得大伙儿学习呀！"我对老大爷说："支援人民公社，这是我应尽的义务。"那位老大爷很热情地叫我到他家里去休息一会儿，我谢了谢他老人家的好意，推着车子走了。

到了下午两点钟，我捡了满满一车粪，送给了望花区工农人民公社。人民公社的负责同志们都很受感动……

一九六一年二月二十日

昨天我接到沈阳工程兵部的电话，首长要我到××部队学习廖初江同志的先进思想和动人的事迹。当时我真高兴得跳起来了。我很早就盼望和他见面，学习他的那种大公无私、全心全意为人民服务的精神。

首长告诉我今天出发，我真高兴得连早饭也吃不下了，只想马上就见到廖初江同志才好。上午八点钟，我和兵部张助理员到了沈阳×部司令部，张助理员告诉我，张副政委要接见我，当时我的心怦怦直跳，既高兴又惭愧。当我走进×部司令部办公室时，一眼就见到了张副政委，这位像父亲一样的高级首长和我紧紧地握着手，并倒给我一杯开水，叫我坐下，同时还亲切地教导我说："要努力学习毛主席著作，听毛主席的话，要处处用毛主席思想挂帅，要永远做毛主席的好战士。"首长的教导，我深深地印在脑海里，激动的心情好久还没能平静。我决心不辜负党和首长的期望，一定要把毛主席思想学到手，在实际工作和学习中做出更好的成绩来报答党和首长。

上年九点五十分火车离开沈阳，下午一点钟就到达了目的地，很多首长到车站迎接，我盼望已久的廖初江战友也来了。我见到他，真感到格外高兴。我紧紧地握着他的手不放，一同走出车站，乘小吉普车到了他们部队的招待所。首长对我无微不至的关怀和爱护，我真不知说什么好，只是被感动得满眼含着热泪。

我和廖初江战友挨着坐在一条凳子上，我的手很自然地搭在他的臂上，他和我亲切地谈起了家常话，他给我签了字。同时，张助理员还给我们拍了一张照片。

一九六一年二月二十二日

昨天晚上我和廖初江同志谈怎样学习毛主席著作，如何联系实际，一直谈到深夜一点多钟才睡觉。

我进入甜蜜的梦乡，见到了英明的毛主席，他像慈父般地关怀我，和我一起吃饭……一面吃饭，毛主席一面教导我说："要好好学习，听党的话，不断进步。"我回答主席说："一定做到，我要永远忠于党。"

早上醒来，我真高兴极了，我叫醒了廖初江，高兴地告诉他，我昨天晚上在梦中见到了毛主席。他笑着说："只要不断努力，你一定能见到毛主席。"

他的话又给了我多么大的鼓舞啊！我一定要以他为自己的榜样，决心永远向他学习，做毛主席的好战士。

一九六一年三月三日

今天我学习了毛主席著作。主席有一段话，对我的教育最深刻，启发最大。

毛主席说："紧紧地和中国人民站在一起，全心全意地为中国人民服务，就是这个军队的唯一的宗旨。"

我是人民的子弟兵，一定要永远牢记党和毛主席的教导，无论什么时候，都要关怀、爱护人民群众的利益，为人民群众的利益而战斗不息。

我们的党、政府和全国人民对革命军人的关怀和照顾，是无微不至的。作为一个革命战士的我，是多么地自豪啊！但是我不能骄傲，一定牢牢记住党和人民对我的嘱托，努力学习，积极工作，勇敢战斗，保持和发扬人民军队的优良传统。

……

一九六一年三月四日

今天，连长发给我一支新枪，我真像得到了宝贝一样，乐得连话都说不出来。看看那锋利而发亮的刺刀，摸摸那光滑的枪柄，数着崭新的子弹，我简直高兴得不知如何是好，生怕把枪弄脏了。看到枪机上落了一点点灰尘，我立即从衣兜里掏出自己心爱的手绢，把灰尘擦得一干二净。

人民给我这支枪，我一定要好好保管和爱护。向党和人民保证，我决心勤学苦练，定要练出真正的硬本领，坚决保卫我们的社会主义建设，保卫我们伟大的祖国，随时准备给侵略者以致命的打击。

这支枪是我的，是革命给我的！

要想从我这里夺去，我宁愿战斗而死！

对党和人民要万分忠诚，

对敌人越诡诈越好。

一九六一年×月×日

当你在最困难、最危险，甚至威胁自己生命时，也能严格地遵守纪律，那就是好党员。我要做一个名副其实的好党员。

一九六一年四月十五日

毛主席教导我们说："任何新生事物的成长都是要经过艰难曲折的。在社会主义事业中，要想不经过艰难曲折，不付出极大努力，总是一帆风顺，容易得到成功，这种想法，只是幻想。"

共产党之所以能够领导人民群众，正因为，而且仅仅因为，它是人民群众的全心全意的服务者，它反映了人民群众的利益和意志，并努力帮助人民群众组织起来，为自己的利益和意志而斗争。

一九六一年四月十六日

今天是星期日。有的同志叫我上街看电影，我想起了一件事：党号召要大办农业，以粮为纲。在这风和日丽的春天里，正是农忙的季节，公社的社员们都在紧张而又忙碌地耕地、播种。我是一个农家的孩子，现在虽然成了一名祖国的保卫者，可是我有责任支援农业，改变农村的面貌，为农业早日机械化、电气化贡献一点儿力量。

想到这些，我哪里有心看电影呢？拿着铁锹跑到了抚顺市李石寨人民公社万众生产大队，跟社员们一起翻地。他们的革命干劲深深地教育和鼓舞了我，他们建设新农村的革命热情是万分高涨的。我真正懂得了群众的力量能移山填海，只有群众的力量是无穷无尽的，一个人的力量总是沧海一粟。我决心永远和群众牢牢地站在一起，为人类最美好幸福的生活而斗争。

一九六一年四月十七日

今天连部召开了一个党员、团员积极分子大会。听首长说，因近两年来我国遭到特大的自然灾害，给我们造成了一些暂时的困难。可是目前阶级敌人有所抬头，想乘机破坏我们的社会主义建设。我听了心里直发火，恨之入骨。解放前，我家里很穷，父、母、哥、弟都死在民族敌人和阶级敌人的手里。这个血海深仇，我永远铭记在心。解放后，伟大的共产党拯救了我，党像慈父般地哺育和教育着我。从解放那天起，党和毛主席便成了我心上的太阳；对阶级敌人更加憎恨。由于不断受到党的教育，我懂得了阶级斗争。像我这样的穷苦人，不斗争就没有出路……

现在我是一个共产党员，"一个共产党员，只有当他闭上了眼睛的时候，才有权利停止斗争"。我决心为党和阶级的最高利益斗争到底。

一九六一年四月二十三日

今天早上接到上级首长的指示，要我到旅顺海军部队汇报。上午十点十五分，我乘火车离沈（阳）去旅（顺）。

列车上的旅客很多，我看服务员忙不过来，心想，自己是一个共产党员，共产党员的全部任务就是全心全意为人民服务。在这种情况下，我应当做一名义务服务员，为旅客们服务。我把自己的座位让给了一个老大娘，自己在车上找到了一把扫帚，挨个扫完了整个车厢，接着又擦玻璃和车厢，而后给旅客们倒开水。

有个老太太很亲切地对我说："孩子，看你累得满头大汗，该休息啦。"

我回答说："没什么！"

……

一个首长站起来握着我的手说："大家应该向你学习。"

我对首长说："为人民服务，这是我应尽的义务。"

列车在飞奔，旅客们个个心情舒畅，有的打扑克，有的唱歌，有的唠家常，还有的妇女逗小孩儿，广播员播送各种新闻和好听的歌曲，整个车厢充满了愉快和欢乐。

　　"旅客们注意啦！现在我们车厢要选一位旅客安全代表。"乘务员说。

　　一位旅客站起来说："选这位解放军同志，大家同不同意啊？"

　　旅客们都异口同声地说："好。"

　　我真感到这是同志们对我高度的信任，那么，我应该更好地关心大家。和旅客打交道，真是好极了，原先不认识的，也认识了，亲热得像一家人一样，真是有啥说啥。旅客们有事都找我，但我并不感到麻烦，反而觉得荣幸……

指对我说："你是这个，呱呱叫的，起先我们都不敢认你，想必你一定是个下士了。"我笑着回答说："当兵很好嘛，都是为着一个目标——实现共产主义。"

我仔细分析了一下，他们想我一定是下士了，也许是有点儿"根据"。因报纸上都宣传过，同时党和首长都很信任，一定要提升得快一些。可是，他们没考虑到工作需不需要的问题。为了党和人民的事业，我总想多贡献一点儿力量，那些个人的军衔级别，我真没时间考虑。

一九六一年四月二十七日

今天上午，我在旅顺海军××舰上，向海军首长和战友汇报了自己的一切工作、学习和生活在两个不同的社会里的两种不同的命运的情况。当我讲到在旧社会那种悲惨遭遇时，舰长和海军战友们都掉下了眼泪，我更是悲痛万分！我是无产阶级革命战士，只有化悲痛为一切前进力量，将革命进行到底，为人类的解放而斗争。

下午一点钟，我乘火车离开旅顺回沈阳。在列车上我看到一位有病的老大爷，我把座位让给了他老人家，并问他是什么病，他半天才说了一句："痨病，十多年啦！"

我问他在旅行当中有什么困难，他说："我到丹东还差一元钱买车票，我还没吃午饭呢！"

毛主席教导我们说："我们的同志不论到什么地方，都要和群众把关系搞好，要关心群众，帮助他们解决困难。"于是，我帮助他解决了旅途中的困难。

一九六一年四月二十八日

现在，我们国家处于困难时期。我们是国家的主人，应该处处为国家着想，事事要精打细算，不能今朝有酒今朝醉，明日愁来明日忧。我们要奋发图强，自力更生，克服当前存在的暂时困难，坚决反对大吃大喝，力戒浪费。

*　　　*　　　*　　　*　　　*

……同志，您是否意识到您的一切生活在幸福之中？可能意识不到，也可能意识到了。当您能吃一顿饱饭，穿上一套衣服，能当家做主，自由地生活时，您有何感觉呢？有一种说不出的幸福感。这是党和毛主席，是革命前辈流血牺牲给您带来的。

一九六一年四月二十九日

向第六届团代大会汇报学习毛主席著作的提纲：

（一）从什么时候开始学习？怎样学习的？

（二）学习了毛主席著作后战胜了和泥的困难（冬天）。

（三）学习《关心群众生活，注意工作方法》那篇文章后，帮助贫农吕常泰老大爷解决生活困难，送给他一件棉衣，一套单衣。

（四）学习《中国社会各阶级的分析》后，提高了认识。

（五）学习《关于正确处理人民内部矛盾的问题》后，解决了×××同志的思想问题。

（六）学习毛主席所说的怎样战胜困难后，战胜了投手榴弹的困难。

（七）学习了《为人民服务》的文章后，在星期日休息时间带病帮助工人推砖；在乘火车时当服务员，解决了旅客的困难，把自己的面包给一位老大爷吃，还给他一元钱买车票。

（八）学习《纪念白求恩》的文章后，支援灾区。

（九）学习《毛泽东选集》第四卷后，对当前的国际形势和国内形势的认识。

（十）表示今后学习毛主席著作的决心。

学习毛主席著作，要学习毛主席的立场、观点和方法。要以实际问题为中心，到毛主席著作中找答案，按毛主席的指示办事。

学习公式：

问题—学习—实践—总结

1. 学习毛主席著作与改造自己的思想相结合，树立全心全意为人民服务的思想和辩证唯物主义世界观；

2. 学习毛主席著作与改进自己的工作相结合；

3. 学习毛主席著作与搞好训练、提高技术相结合；

4. 学习毛主席著作与学习国内外形势、党的任务、方针政策相结合。

一九六一年四月三十日

毛主席指示我们："要提倡勤俭建国。要使全体青年们懂得，我们的国家现在还是一个很穷的国家，并且不可能在短时间内根本改变这种状态，全靠青年和全体人民在几十年时间内，团结奋斗，用自己的双手创造出一个富强的国家。社会主义制度的建立给我们开辟了一条到达理想境界的道路，而理想境界的实现还要靠我们的辛勤劳动。有些青年人以为到了社会主义社会就应当什么都好了，就可以不费气力享受现成的幸福生活了，这是一种不实际的想法。"

毛主席的话给了我深刻的教育和启发。根据我国目前的情况来看，还存在着许多困难。都是因为自然灾害给我们造成的困难。为了克服这些困难，就要十分地听党和毛主席的话，一切做长期打算，注意节约。

今天，司务长发给我两套单军衣和两套衬衣，我只各领了一套，剩下那两套衣服交给了国家，以减少国家的开支，支援祖国的建设。

一九六一年五月一日

今天是伟大的"五一"国际劳动节，我感到特别地高兴。为了纪念这个伟大的节日，我没有上街看热闹，而是把房前屋后、室内室外干干净净地打扫了一遍，帮助炊事班洗菜、切菜、做饭，用了三个小时，其他大部分时间用于学习《王若飞在狱中》这篇文章。我读了一遍又一遍，越看越爱看，越读越感动。读完之后深深感到，我们不应该忘记过去！

在旧社会里，广大劳动人民受着国民党反动派的剥削压迫，过着牛马不如的生活。在惨无人道的旧社会里，有多少人像刘宝全这样白白地死去啊！

和千千万万受剥削受压迫的劳动人民一样，在旧社会里，我家也受尽了旧制度的折磨和凌辱……

解放了，我才脱出苦海见青天！革命前辈用生命和鲜血拯救了我，伟大的共产党和毛主席拯救了我！

我要永远听党的话，永不忘记过去，为了共产主义事业，要像王若飞同志那样，永生战斗！

一九六一年五月二日

我在《前进报》上看到了共产党员郑春满同志舍己救人的英雄事迹后，感动得流出了眼泪。他在为抢救两个孩子的生命与怒涛漩涡搏斗中，光荣地献出了自己的宝贵生命。我为失去一个这样好的阶级兄弟而感到十分沉痛。同时，也为有这样一个在党和毛主席教导下，在革命军队洪炉里熔炼成长起来的真正优秀的阶级兄弟而感到光荣和骄傲。

郑春满同志的这种见义勇为、舍己救人的英雄行为，表现了无产阶级的最高尚的品德，充分地反映了人民军队的本质。毛主席教导我们："……紧紧地和中国人民站在一起，全心全意地为中国人民服务，就是这个军队的唯一的宗旨。"他忠诚地按照毛主席的教导，把自己锻炼成为一个真正的革命战士。我要学习他那舍己为人的精神，为共产主义奋斗终生。

一九六一年五月三日

我看到一位同志做了一件损公利己的事，心里过不去，立即批评和制止了他。爱护国家和人民的财产是我的责任，不能不管，今后还应该大胆地管。

……牢牢记住，并且要贯穿到自己的生活和实际行动中去——革命的利益高于一切，处处为集体利益而不惜牺牲个人的一切。

毛主席说过：今天我们想起那些为革命而牺牲的先烈，使我们每一个活着的人，心里就难过，难道我们为革命，还有什么个人利益不可以牺牲呢？我想那位同志太自私自利了，没有集体主义思想。对于这种人脑子中落后的东西，我们要去扫除，就像用扫帚扫房子一样，从来没有不经过打扫而自动去掉的灰尘。坚决按照毛主席的指示办事。

*　　　*　　　*　　　*　　　*

听毛主席的话，做一个有益于人民的人。

今天早上，下着大雨，我因公从抚顺到沈阳出差。早五点钟从家出发，在到车站的路上，看到一位妇女背着小孩儿，手还拉着一个六七岁的小女孩儿去赶车，她们母子三人都没有穿雨衣，那个小女孩儿因掉进泥坑里，弄了一身泥，一边走还一边哭。看到这种情况，我立刻想起了毛主席教导我们无论到什么地方都要关心群众，帮她们解决困难……

我急忙跑上前去，脱下自己的雨衣披在那位背小孩儿的妇女身上，马上又背起那小女孩儿一同到了车站。上车后，我见那小女孩儿冻得直打哆嗦，全身没有一点儿干处，头发还在滴水。咋办呢？我摸着自己一身衣服也湿了，急忙解开外衣，发现贴身的那件绒衣是干的，立即脱下来穿在了那小女孩儿的身上。听她们说没吃早饭就来赶车了，我把早上没吃的三个馒头给了她们。上午九点钟，列车到了沈阳站，我没顾到肚子饿，又背着那小女孩儿跟随她母亲，把她们送到家里。我要离开她家的时候，那位妇女紧紧地握着我的手不放，激动地说："同志！我怎么感谢你呢？"说着热泪滚滚直掉，把我也感动得不知说啥好。

"你不要感谢我，应该感谢党和毛主席！"这是我从内心深处说出来的一句话。通过学习毛主席著作和自己的实践，我深刻地认识到毛泽东思想是做好一切工作的根本保证。今后，我要更好地学习毛主席著作，用毛主席的思想武装自己的头脑，指导自己的一切行动，永远做一个有益于人民的人。

一九六一年五月四日

党和毛主席救了我的命，是我慈祥的母亲。我为党做了些什么？当我想起党的恩情时，恨不得立刻掏出自己的心；当我想起我所经历的一切太平凡了的时候，我就时刻准备着：当党和人民需要我的时候，我愿意献出自己的一切。

一九六一年五月十四日

今天是星期日，我出了一天公差，帮炊事班做饭。一方面给大家改善生活，做点儿好吃的；另一方面让炊事员很好地休息一下，处理一些个人的琐事。

晚饭后，指导员集合全连的同志开了一个会，布置下星期的工作，同时还宣布了上级的一个命令：提升我当副班长。

……

今天首长提升我当副班长，完全是党对我的高度信任和大力地培养。我决心不辜负党和首长对我的期望。从今天起，我要更好地听党和首长的话，并牢记毛主席的教导："我们都是来自五湖四海，为了一个共同的革命目标，走到一起来了。""我们的干部要关心每一个战士，一切革命队伍里的人都要互相关心，互相爱护，互相帮助。"

坚决按毛主席指示办事，努力学习马克思列宁主义和毛泽东思想，处处坚持政治挂帅，事事以身作则，用阶级友爱的精神关心每个同志。以自己的实际行动，去影响和帮助同志。时时严格要求自己，全心全意为党工作，为战友们服务。耐心帮助同志们提高共产主义觉悟，组织大家更好地学习毛主席著作，用毛主席的思想指导一切行动，和全班的同志团结一心，为创造"四好班""四好连"和争当"五好战士"而斗争。

一九六一年五月二十日

目前，我们的军事训练很紧张，干部战士的工作、学习简直忙得不可开交，晚饭后的一个小时休息时间，大家都主动地到地里搞生产，有些战友连上街理个发的时间也抽不出来。

根据这种情况，首长给我们买了二套理发的工具，要我们自己互相理发，可是又没有人懂得理发的技术，都是外行。咋办呢？

学习了毛主席的著作后，我心里开了窍。毛主席说："你要有知识，你就得参加变革现实的实践。"毛主席的话给了我很大的启发，我利用业余时间，跑到附近的理发店，请教理发师，在理发师的耐心指导和帮助下，学会了基本的操作方法。

我第一次给战友刘正武理发时，总是感到手不顺心，推剪时经常会夹头发，一个头还没有理到一半，他就说"剪刀夹得头皮痛，不剪了"。头一次学理发失败了。

但我并没有灰心，又拿起毛主席的书来看。毛主席说："任何新生事物的成长都是要经过艰难曲折的。在社会主义事业中，要想不经过艰难曲折，不付出极大努力，总是一帆风顺，容易得到成功，这种想法，只是幻想。"这就告诉了我，无论做什么，都不是轻而易举，要想把事情办好，一定要经过艰苦的努力，不怕失败，从失败中吸取教训，取得成功。

在毛主席的思想指导下，我鼓足了勇气，午休不睡觉，跑到理发店继续学习，在理发师的热情帮助下，一次、两次、三次，终于学会了理发。现在战友们都愿意要我理发了，到了星期六或星期日，我就忙不开。以前不要我理发的刘正武战友，也主动地要我给他理发了。

一九六一年六月十五日

目前我发现有少数战友不遵守纪律，生活稀拉，有的同志不请假外出，吹了起床哨，还有的睡着不动。我看这种现象很不好，应该及时扭转。

军队，它是战斗的集体，要有严格的组织纪律，一切要适应战斗的需要，很难设想一支锣鼓不齐、行动不一的军队，在战场上能打败敌人，取得胜利。

我今天在报纸上看了一篇文章，对我的启发教育很大。文章是这样写的：

"诸葛亮以用兵如神闻名，但在他的一生中也有过失利的战斗，比如'街亭失守'。这次战斗失利，使诸葛亮由主动变被动，最后不得不进行战略退却。街亭失守，原因固然很多，但和守将马谡没能严格执行命令，大有关系。马谡领受任务时，诸葛亮再三叮咛：'街亭虽小，但关系甚重，倘街亭有失，我大军休矣！'还说：'此地既无城郭，又无险阻，此地下寨必当要道之处。'但马谡引兵到达街亭后，却完全不以诸葛亮的话为意，认为：'当道岂是下寨之地！'于是自作聪明地屯兵在山上。因而，被司马懿乘机切断汲水道路，使山上无水，军不得食，引起军营大乱。马谡不得不放弃街亭，败军折将，失地弃城，落荒而逃。为了严明军纪，诸葛亮流着眼泪将马谡斩首。"

马谡违反命令，是忽视了军令之严，因而遭受惨败，诸葛亮挥泪斩马谡，又是在维护军纪之严。可见，"严"字是从多次流血的经验中总结而来的。

然而，我们革命军队的严，又和历史上的一切旧军队不同，单纯依靠军令、军法压服，是旧军队取得"严"字的手段。我们革命部队，不仅有着严格管理的一面，而且有着耐心说服的一面；不仅存在着自上而下严格要求的一面，而且也存在着自下而上自觉遵守纪律、坚决服从管理的一面。伟大的战士邱少云，就是自觉遵守纪律的典范，我们应该学习。

一个革命者，一个共产党员，应该是大公无私，为革命，为集体，不为个人，革命处境越是困难，越是需要每个成员更加英勇地坚持斗争。

一九六一年六月二十九日

"你们有许多长处，有很大的功劳，但是你们切记不可以骄傲。你们被大家尊敬，是应当的，但是也容易因此引起骄傲。如果你们骄傲起来，不虚心，不再努力，不尊重人家，不尊重干部，不尊重群众，你们就会当不成英雄和模范了。过去已有一些这样的人，希望你们不要学他们。"

毛主席的这一段话，对我有很大的启发和教育。十多年来，我在党的不断培养和教育下，提高了政治思想觉悟，树立了为共产主义事业奋斗到底的雄心大志，因此在各项工作和学习中取得了一点点成绩，党和人民给予了我很大的荣誉。自从去年各报刊和广播电台介绍了我的情况以后，收到了全国各地许多青年的来信。

今天，党对我这样信任，同志们对我这样尊重，我一定要更加虚心，尊重大家，努力学习，忘我工作，时刻牢记毛主席的教导，永远做一个人民的小学生。

一九六一年七月一日

今天早上起来，我感到格外高兴，原因不是别的，昨晚我梦见了伟大的领袖毛主席。正好今天又是党建立四十周年的纪念日。今天，我有向党说不尽的话，感不尽的恩，表不完为党终生奋斗的决心。

我，一个孤苦的穷孩子，今天成长为一个国防军战士、光荣的共产党员，并当选为抚顺市人民代表，这一切是我做梦也想不到的。可以肯定地说："没有共产党，就没有我。"

每当朋友和同学及许多不相识的同志来信称赞我，羡慕我的进步的时候，我就感到很不安。我像一个学走路的孩子，党像母亲一样扶着我，领着我，教会我走路。我每成长一分，前进一步，这里面都渗透着党的亲切关怀和苦心栽培。

……

亲爱的党，我慈祥的母亲，我要永远做您的忠实儿子，为建设社会主义和实现共产主义而献出自己的全部力量，直至生命。

一九六一年七月二日

今天，战友×××在队列当中稀稀拉拉，九班长看见后就发了火，好一顿批评，可是×××同志置之不理。下操后，×××同志说："九班长态度粗暴，我懒得听他的。"

这件事引起了很多人的议论。有人说："九班长的脾气不好，有事爱发火，他的心可是好的。"我认为这种说法不够正确。毛主席说过："真正的好心，必须顾及效果……"抱着好心而又好对同志发脾气的人，常常是效果不好。既然效果不好，这好心又表现在哪里呢？这好心给革命、给同志又带来了什么好处呢？

这件事，我认为九班长应该对×××同志进行耐心说服教育才对，在队列中对×××发态度，达不到教育目的。我们都是阶级兄弟，应该互相帮助，共同进步。

一九六一年八月三日

今天是我永远不能忘记的日子，我光荣地参加了抚顺市第四届人民代表大会第一次会议。像我这样一个给地主放猪出身的穷孩子，能够参加这样的大会，心里有说不出的高兴和感激。

首先我要衷心地感谢党和毛主席把我从虎口中救出来，把我抚育成人，教给我无产阶级的思想，感谢政府对我的亲切关怀和照顾，感激人民对我的爱戴。今天，我深刻地认识到，只有在党和毛主席的正确领导下，才有我们穷人的天下，才有穷苦大众当家做主的权利，才有我们今天幸福的新生活。

……

我们的党，是英明的、伟大的、正确的。我要坚决听党的话，一辈子跟着党走，认真贯彻党的方针政策，对党有利的话，有益的事，我要多说、多做；对党不利的话，没有益的事，我坚决不说、不做。我要全心全意为人民服务，永生为伟大的共产主义事业而奋斗。

一九六一年八月六日

我看见有六位六七十岁的老太太来参加抚顺市第四届人民代表大会，内心十分羡慕和尊敬。我看到她们就好像看到了自己的祖母一样。我拉着她们的手，微笑地向她们问好，并把她们一个个送到宿舍，给她们倒茶、打水……并和她们有趣地拉家常。

……从阶级友爱出发，我不但爱这些老太太，而且爱全国人民，爱全世界的穷苦大众。他们都是我的亲人。我要为他们的自由、解放、幸福而贡献自己毕生的精力，直至最宝贵的生命。

一九六一年八月七日

抚顺市人民代表大会已经开了四天，今天是最后一天了。市委负责同志代表全市人民的心意，送给了我们一份礼物——一斤苹果。

当我拿着这斤用红纸包着的苹果时，内心特别激动。回想起自己过去那种无依无靠到处流浪的苦日子，总觉得现在的党和人民胜过自己的亲生父母，对我太关心了。我想：自己好了，不能忘记为人民而负了伤的阶级兄弟。于是，我把这份苹果又转送给了住在卫生连的伤病员同志。自己虽然没吃着，但是心里比吃了这斤苹果还要甜十分。

一九六一年九月十日

今天陈排长找我谈了一番话，对我的启发和教育很大。从多次的谈话中，我深知，陈排长是一个直爽、诚实，对同志关心、对革命负责的好干部。这种精神和优良作风，我要永远学习。

排长谈到，据同志们反映说，我工作主观，其事实是：到浑河农场拉菜，我看农场里的同志都已吃晚饭了，心想战友艾起福、何国良出了一天车，比较累，再说午饭吃得早，也可能饿了。我和农场的管理员联系了一下，准备好了饭，叫他们两位司机吃，可是他们硬不吃，说天快黑了，车没有灯，要赶紧回队。我想回去也要吃饭，现在这里饭已准备好了，在哪儿吃还不一样吗？再三劝他俩吃，最后他俩还是没有吃，我也就和他俩一块儿拉菜归队了。事后他俩说我办事主观。

今天排长给我指出，要我今后办事多和群众商量，注意工作方法。我觉得很好，一定改进。至于其他方面的小缺点，我也要特别注意，加以纠正。有些反映虽然有出入，但我也很欢迎，今后提高警惕，随时注意。

我深记了斯大林的话："我们不能要求批评百分之百的正确。如果批评是来自下面的，那么即使这种批评只有百分之五到百分之十是正确的，我们也不应当忽视。"

今天我是一个班长，对于战士的反映和意见，丝毫不能轻视，一定要坚决克服缺点，做好工作。

排长要我抓紧时间努力学习，提高政治觉悟和技术水平。这些好话，牢记心间，照着去做，一定能进步。

一九六一年九月十一日

……人民的困难，就是我的困难。帮助人民克服困难，贡献自己的一点儿力量，是我应尽的责任。我是主人，是广大劳苦大众当中的一员，我能帮助人民克服一点儿困难，是最幸福的。

一九六一年九月二十日

我在哨所周围来回走动，脑子里一个转又一个转地想着，汽车、油库、国家的许多财产、全连的安全，都掌握在卫兵的手里，如果麻痹大意，不提高警惕，万一敌人破坏，那将给国家和人民造成多大的损失。我感到自己责任的重大。

比起红军长征的时候，红军战士们天天打仗，经常几天几夜得不到休息，还是那样坚强勇敢、英勇奋战，我呢？又感到惭愧。人民的子弟兵，祖国的保卫者，这个光荣的称号又使我感到高兴，我宁愿站到天亮也乐意。

一九六一年九月二十二日

毛主席写的《纪念白求恩》这篇文章，我早已读过，并为白求恩的国际主义精神和共产主义精神感动得流出了热泪。它对我的教育和启发特别之大。白求恩那种毫不利己、专门利人的精神，鼓舞和鞭策了我的进步，使我取得的收获不小。

今天副指导员又给我们上了这一课，我又反复地看了数遍，所受教育更为深刻。白求恩同志对待自己本行业务是那样刻苦地钻研，精益求精，为人类的解放事业献出了毕生精力和整个生命。可是我呢，为党、为人民又做了一些什么呢？对照起来，我感到万分惭愧和渺小。拿自己的技术学习来说，还不是那么刻苦钻研的，学得也不够深透。但是我相信，只要再加一把油，勤学苦练，虚心学习，是一定能把汽车开好的……

目前，美帝国主义正在扩军备战，妄想达到它的侵略野心。我坚决响应党的号召，练好硬本领，做到"开得动、打得准"，一旦帝国主义发动侵略战争，我们就彻底、干净、全部地把它们歼灭。

通过这篇文章的学习，我深刻认识到：一个人活着，就应该像白求恩同志那样，把自己的毕生精力和整个生命为人类的解放事业——共产主义全部献出……

我要永远站在无产阶级的立场上，永远忠于党、忠于人民、忠于保卫祖国和世界和平的伟大事业，做一个真正的共产主义革命战士。

一九六一年十月一日

今天是国庆节，我格外高兴。在这伟大的节日里，我加倍地惦记着英明的领袖——毛主席。

敬爱的毛主席呀，毛主席！我天天想，月月盼，总想见到您。您老人家的照片，我每天要看好几次，您老人家慈祥的面孔，我在梦中经常见到。我多么想念啊，何时能够真正见到您！可现在我还差得很远，没有做出什么成绩，对人民没有多大贡献。但是我有决心听您老人家的话，永远站在无产阶级的立场上。

我要像松树那样，不怕风吹雨打、严寒冰雪，四季常青；我要像柳树一样，插到哪里都能活，紧紧与人民连在一起，在人民中生根、长大、结果，做人民最忠实的勤务员。

我要以坚强的毅力，忘我地劳动，刻苦学习，做好工作，争取见到毛主席。

一九六一年十月二日

我做事，老好一个人去干，不爱叫别人，生怕人家不高兴。

今天连长找我谈话，句句打动了我的心。他说："火车头的力量很大，如果脱离了车厢，就起不到什么作用。一个人做工作，如果脱离了群众，就会一事无成……"

连长的话给了我很大的教育和启发，使我懂得了一个人只有和集体结合在一起才能最有力量。

今天我发动了全班的同志打扫卫生，由于大家一齐动手，很快就把室内室外打扫得干干净净。事实证明连长的话是正确的。今后我无论做什么，一定要走群众路线，依靠群众，发动群众，团结群众，一道为社会主义建设和实现共产主义而贡献力量。

一九六一年十月三日

人总有一死，有的轻如鸿毛，有的却重如泰山。

我觉得一个革命者活着就应该把毕生精力和整个生命为人类解放事业——共产主义全部献出。我活着，只有一个目的，就是做一个对人民有用的人。

当祖国和人民处在最危急的关头时，我就挺身而出，不怕牺牲。生为人民生，死为人民死。

一九六一年十月十日

我觉得一个真正的革命者，他是大公无私的，所作所为，都是对人民有益的，他的责任是没有边的……

一九六一年十月十二日

我要牢记这样的话：永远愉快地多给别人，少从别人那里拿取。这种共产主义精神，我要在一切实际行动中贯彻。

一九六一年十月十四日

×××同志是新调来我班的一个好同志。他出身好，家庭是贫农，过去受过苦，现在革命热情高，工作能吃苦……

他来自农村，学习少，政治觉悟比较低，对各种问题的看法有时片面……和同志们比较起来是落后了。我觉得这个同志有一个最大的特点，就是敢于改正缺点和错误。从这点来看，还是有办法的。我们班有的同志对他的看法不好，说他是个落后分子，就因他调到我们班，有的同志不大满意，对创造四好班失掉了一部分信心。针对这个矛盾，我组织大家学习了毛主席的有关著作。

毛主席说："共产党员对于落后的人们的态度，不是轻视他们，看不起他们，而是亲近他们，团结他们，说服他们，鼓励他们前进。"

通过学习和讨论，大家统一了认识，改变了态度。

＊　　　＊　　　＊　　　＊　　　＊

×××同志调到我班的第三天就病了。

我想起了毛主席的教导："我们都是来自五湖四海，为了一个共同的革命目标，走到一起来了。""我们的干部要关心每一个战士，一切革命队伍的人都要互相关心，互相爱护，互相帮助。"

我觉得自己有重大责任去关心他，体贴他，给予他温暖。一清早，我请卫生员给他看了病，并给他打开水吃药，打洗脸水，给他洗脸，做病号饭送给他吃，把自己的棉大衣给他盖在身上，安慰他好好休息。到澡堂洗澡的时候，我给他擦澡……

在生活方面我给予他适当的照顾。他激动地对我说："班长，你对我太关心了，人心都是肉长的，我再不好好干，也说不过去了……"

第四天一早，他就主动地打豆子去了。我们吃早饭的时候，他打了一麻袋豆子背了回来。

一九六一年十月十五日

今天是星期日，我没有外出，给班里的同志洗了五床褥单，帮高奎云战友补了一床被子，协助炊事班洗了六百多斤白菜，打扫了室内外卫生，还做了一些零碎事……

总的来说，今天我尽到了一个勤务员应尽的义务，虽然累了一点儿，也感到很快活。

班里的同志感到很奇怪，不知道谁把褥单都洗得干干净净的。高奎云同志惊奇地说："谁把我的破被子换走了……"

其实他不知道是我给他补好的呢！我觉得当一名无名英雄是最光荣的。今后还应该多做一些日常的、细小的、平凡的工作，少说漂亮话。

一九六一年十月十六日

高楼大厦都是一砖一石砌起来的，我们何不做这一砖一石呢！我之所以天天都要做这些零碎事，就是为此。

一九六一年十月十七日

我看到厕所的粪池满了，立即动手把大粪淘出来，虽然牺牲了自己一上午的休息时间，但是厕所里弄得很干净了。人家开玩笑地说我是一个大粪夫，但我觉得当一个大粪夫是非常光荣的。一九五九年参加北京群英会的时传祥同志，不就是一个淘大粪的工人吗？我要是能够当一个这样的大粪夫，那该多荣幸啊！

一九六一年十月十九日

有些人说工作忙，没有时间学习。我认为问题不在工作忙，而在于你愿意不愿意学习，会不会挤时间。

要学习的时间是有的，问题是我们善不善于挤，愿意不愿意钻。

一块好好的木板，上面一个眼儿也没有，但钉子为什么能钉进去呢？这就是靠压力硬挤进去的，硬钻进去的。

由此看来，钉子有两个长处：一个是挤劲，一个是钻劲。我们在学习上，也要提倡这种"钉子"精神，善于挤和善于钻。

一九六一年十月二十日

人的生命是有限的，可是，为人民服务是无限的，我要把有限的生命，投入无限的"为人民服务"之中去。

一九六一年十一月二十六日

我学习了《毛泽东选集》一、二、三、四卷以后，感受最深的是，懂得了怎样做人，为谁活着……

我觉得自己活着，就是为了使别人过得更美好。

我要以黄继光、董存瑞、方志敏等同志为榜样，做一个热爱祖国、热爱人民，永远忠于党、忠于人民革命事业的人。

一九六一年十一月二十七日

今天下大雨，我想到咱们车场放了两堆苞米。虽然用雨布盖上了，但是我还不放心，跑去一看，发现苞米被雨淋湿了不少。我真心疼极了……

我立刻组织了全班的同志冒雨收苞米。有的拿大筐，有的拿麻袋，装的装、抬的抬，很快就把两千多斤苞米搬到了家里，免遭损失。虽然衣服湿了，但是粮食收回来了，自己放心，心里快活了。

一九六一年十一月×日

学习《纪念白求恩》

一个人能力有大小，但只要有这点儿精神，就是一个高尚的人，一个纯粹的人，一个有道德的人，一个脱离了低级趣味的人，一个有益于人民的人。

我决心听毛主席的话，事事大公无私，处处从党和人民的利益出发，全心全意为人民服务，决不让有一点儿肮脏的个人利益低级趣味的东西来玷污自己。向白求恩学习，做一个毫不利己、专门利人的人，为共产主义奋斗终生。

一个人，只要大公无私，处处从党和人民的利益出发，兢兢业业为党工作，老老实实为人民服务，就是一个有益于人民的人。

一个人，只要他不存私心，时时刻刻考虑人民的利益，全心全意地去为人民服务，他就能成为一个道德高尚的人。

加强工作责任心，对同志对人民要忠诚、要热情、要关心、要互相帮助。

一个革命战士必须具有把一切献身于无产阶级革命事业的崇高理想。

不但要有好的思想，而且还要有高超的技术，才能更好地为人民服务。

文章的结尾告诉了我们要做一个什么样的人。

我活着就要做一个对人民有用的人。

一九六一年十二月二十日

昨晚，我连车辆紧急集合。×××同志搬电瓶发动车时，洒了一些电瓶水，衣服上沾了不少。因电瓶水是硫酸和蒸馏水混合而成的，腐蚀性大，结果他那条新棉裤烧了几个大口子。今天我看他很不高兴，着急找不到黄布补裤子。我立即拆掉自己的棉帽衬洗干净（棉帽衬是黄布做的），在夜里，当他睡着了，我用棉帽衬那块黄布偷偷地给他把新棉裤补好了。×××知道这件事后，便激动地对我说："班长！你对我太关心了……"

一九六一年十二月三十日

我班乔安山同志的母亲病了，今天来信叫他请假回家看望。

首长批准了他三天假，可是他着急回家缺钱，想买点儿东西给母亲吃，钱又不够。正当他为难的时候，我一考虑心里过意不去。我想：他的母亲就像我的母亲一样，他有困难，也等于是我的困难。我和他都是阶级兄弟，应当互相帮助。

想到这里，我立刻拿出了自己的十元津贴费，还买了一斤饼干，一起交给他，叫他带回家给母亲。乔安山同志接到我的钱和饼干后，激动地说："班长，我太感谢你了……"

＊　　　＊　　　＊　　　＊　　　＊

我班×××同志，叫他出车就高兴，不叫出车或做点儿其他工作就不大满意。还有的同志拈轻怕重，害怕累了自己。

比如：有一次淘厕所，有的同志说："这活儿不是咱们干的，我们是开车的，应该叫其他连队来淘。"在干活儿的当中，我发现有个别同志怕脏怕累，站在一旁瞅着。

我一边干活儿，一边想：如果我们革命队伍中存在着这种怕苦怕累的思想，对工作会有影响，对革命不利。如果不及时纠正，会造成什么后果呢？我想来想去，又想起了毛主席的教导。

毛主席说："什么叫工作？工作就是斗争。那些地方有困难、有问题，需要我们去解决。我们是为着解决困难去工作、去斗争的。越是困难的地方越是要去，这才是好同志。"

当天吃过晚饭，我组织全班同志学习了这篇文章。通过学习，大家提高了认识，统一了思想。

第二天本来是星期日，大家向我提出要求：不休息，积肥支援农业。

睡觉之前，于泉洋和庞春学等同志把粪桶及工具都准备好了。第二天天刚亮，我发现铺上的人都不在了。还没吹起床号，他们到哪里去了呢？我披着大衣出去找，真出乎我的意料，大家积了好大一堆肥料！我看到同志们那股热火朝天的干劲，既高兴又激动，便立刻拿起工具和大家一起干了起来。

乔安山同志一边淘大粪，还一边对我说："毛主席的著作真正好……不学干活儿没有劲，学了浑身添力量……"

吃早饭的时候，大家都对我说："班长，今后我们要多做工作，别人不爱干的活儿咱们干。"

打这儿以后，扫厕所、淘大粪，成了大家的自觉行动。在冬训中，我们班仅利用课余和假日休息时间就积肥三千五百多斤。

一九六二年

一九六二年一月一日

一九六一年已经胜利度过。

回顾入伍两年来，在党和上级的耐心培养教育下，我不断地提高了阶级觉悟，懂得了热爱同志和集体，懂得了怎样做人，懂得了党的号召就是我们行动的指南。

由于我在实际工作和行动中，做出了一点儿成绩，部队党委授予我"模范共青团员"和"节约标兵"的光荣称号，并给我记了二等功一次，三等功两次，这使我内心十分激动。因为我所做的是每个共产党员应尽的义务，而且距离党和上级的要求还差得远，获得一些成绩也是党的教育和同志帮助的结果。

在新的一年中，我决心继续努力，做各项工作中的红旗手，关心同志、关心集体，处处、事事、时时起模范带头作用；更高地举起毛泽东思想红旗，努力学习毛主席著作，听毛主席的话，按毛主席的指示办事，当毛主席的好战士。

一九六二年一月十一日

今天，教员给我们连上了防原子武器一课。……下课后，我便立刻组织大家学习毛主席《和美国记者安娜·路易斯·斯特朗的谈话》等文章。毛主席说："原子弹是美国反动派用来吓人的一只纸老虎，看样子可怕，实际上并不可怕。当然，原子弹是一种大规模屠杀的武器，但是决定战争胜败的是人民，而不是一两件新式武器。"

通过学习，大家提高了认识，端正了态度。比如，乔安山同志说："毛主席的著作给我壮了胆。"田生绵说："原子弹没有什么了不起的，只要我们练好了硬功夫，就一定能戳穿美帝纸老虎……"

由于大家对人和武器的关系有了明确的认识，因此在防原子弹操练中，大家干劲十足，信心百倍，操作认真。虽然在零下二十多摄氏度的野外练习防原子弹，但没有一个人叫苦的。我看到同志们那种苦练硬功夫的劲头，真高兴极了。

一九六二年一月十三日

今晚，我看了《洪湖赤卫队》电影，感到浑身是力量，我激动的心情像大海的浪涛一样，总也不能平静。

共产党员韩英同志那种坚强勇敢、不怕牺牲的精神，给了我莫大的鼓舞和无穷的力量……她在敌人监狱里宁死不屈，并歌唱："为革命，砍头只当风吹帽；为了党，洒尽鲜血心欢畅。"她这崇高的豪言壮语，深深地刻在我的脑海里。

我决心永远向韩英学习。为了党，我不怕上刀山下火海；为了党，哪怕粉身碎骨，我永不变心。

一九六二年一月十四日

在最困难、最艰苦的工作中，我想起了黄继光，浑身就有了力量，信心百倍，意志更坚强……

我每次外出执行任务或在最复杂的环境中，就想起了邱少云，就能严格地要求自己，很好地遵守纪律。

每当我得到福利和享受的时候，就想起了白求恩，就先人后己，把享受让给别人。

当个人利益与国家、党和人民的利益发生矛盾的时候，我就想起了过去家破人亡、受苦受难的苦日子，就感到党的恩情永远报答不完。

一九六二年一月十六日

今天下了大雪，刮着刺骨的北风。为了使车辆经常保持良好的技术状态，随时开得动，我和韩玉臣同志主动到车场保养车辆。

我们双手拿着冰冷的工具，调整和修理铁的机器，的确冷得很，有时手拿着铁的机件，就把手和机件粘在一起了。

特别是双手伸到汽油里去清洗机件，更把手指冰得好像针扎一样，我真想去烤烤火。可是，一想起连长在军人大会上的报告："在三九天里保养车是一个艰巨的战斗任务，过硬的功夫是在冰天雪地里锻炼出来的。"我就感到有一股暖流立刻传遍了全身，觉得有了无穷的力量，打消了烤火的念头，继续清洗机件。经过八个多小时野外苦战，终于把汽车

保养好了。虽然手冻裂了口子，但是锻炼了自己的意志，提高了技术。

一九六二年一月×日

学习愚公不怕困难，敢于斗争，敢于胜利的精神。

愚公能挖掉两座大山，我有恒心克服各种困难，学习好毛主席著作和军事技术，把自己锻炼成为一个又红又专的共产主义革命战士，更好地为人民服务，为人类的解放事业——共产主义而贡献自己的一切。

一九六二年一月×日

"紧紧地和中国人民站在一起，全心全意地为中国人民服务，就是这个军队的唯一的宗旨。"

我是人民的子弟兵，一定要永远牢记党和毛主席的教导，无论什么时候都要关怀、爱护人民群众的利益，为人民群众的利益而战斗不息。

我们的党、政府和全国人民对革命军人的关怀和照顾是无微不至的。作为一个革命战士的我，是多么地自豪啊！但是我不能骄傲，一定牢牢记住党和人民对我的委托，努力学习，积极工作，英勇战斗，保持和发扬人民军队的优良传统。

一九六二年二月三日

今天，我一口气看完了《中国青年》杂志上徐老（徐特立）写给晚辈的几封家信。越看越感到浑身是劲，越看越觉得亲切，越看越想看。

……这些话对我来说，是有很大启发和教育的，也是我应当知道的，必须要做的。我要永远牢记徐老这些有益的话，并且要贯穿于一切言论和行动之中，决心把自己锻炼成为一个名副其实的共产党员，为人类做出贡献。

一九六二年二月五日

今天是大年初一，大家都愉快地欢度新春佳节，有的打球，有的下棋，有的同志上街看电影，玩得够痛快……

我和同志们打了两盘乒乓球，心里觉得有件什么事没做似的。我想了想，每逢过年过节是人们探家和走亲戚的好日子，这个时候也正是各种服务部门和运输部门最忙的时候，这些地方是多么需要人帮忙啊。

我向副连长请了假，便直奔抚顺车站。我刚到，正好一列火车进站。

我看到一位老太太很吃力地背着一个大包袱上火车，我急忙跑上前，接过那位老太太的包袱，扶着那位老太太安全地上了车，给她老人家找了个座位，我才放了心。我要下车的时候，那位老太太紧紧地握着我的手说："你真是毛主席和共产党教育出来的好兵……"

我拿着扫帚扫候车室的时候，车站的主任对我说："你辛苦啦，休息休息吧。"我没有休息，我觉得这是自己应尽的义务。

我给旅客们倒开水的时候，他们说："解放军真好，处处关心人。"我这样做，能使人民群众更加热爱党，热爱毛主席，热爱解放军，这就是我感到最幸福的。

一九六二年二月八日

今天，文书同志从团里拿回来几本新书，其中《向秀丽》这本书把我吸引住了。我拿了这本书，一口气读完了十多页，越读越使我感到浑身是劲，越读越使我敬佩，越读越想读……

我用了四个多小时，一字字一句句读完了这本书。读过之后，使我提高了阶级觉悟，加深了对剥削阶级的仇恨，对劳动人民的热爱……使我懂得了热爱同志和集体，懂得了爱护国家的财产和人民的生命安全，要比爱护自己的生命为重……

我决心永远学习向秀丽同志坚定的阶级立场，敢于斗争的精神；学习她耐心帮助同志、处处为集体谋利益的精神；学习她对工作极端负责任；学习她对党对人民无限忠诚；学习她爱护国家财产胜过爱护自己生命的精神；学习她在紧急关头，挺身而出、英勇牺牲的精神……

我时时刻刻都要以她为榜样，经常对照自己和鞭策自己，把自己锻炼成为一个坚强的无产阶级革命战士。

一九六二年二月十日

我觉得一个革命者就应该把革命利益放在第一位，为党的事业贡献出自己的一切，这才是最幸福的。

一九六二年二月十二日

一个共产党员是人民的勤务员，应当把别人的困难当成自己的困难，把同志的愉快看成自己的幸福。

一九六二年二月十四日

我今天能够参加团里的党代大会，感到特别的高兴和激动。

回顾十多年前，我还是一个穷苦的孤儿，吃不饱，穿不暖，过着饥寒交迫的苦日子。

……自从来了伟大的共产党和英明的毛主席，我才脱离苦海见青天。

伟大的党啊——我慈祥的母亲，是您把我从虎口中拯救出来，抚育我成长。

是您，给了我无产阶级的思想。

是您，给我指出了前进的方向。

是您，给了我前进的动力。

是您，给了我的一切……

敬爱的党——我慈祥的母亲，我只有以实际行动来感恩。

一、坚决听党的话，一辈子跟着党走。

二、刻苦学习，忘我劳动，积极工作，完成党交给我的任务。

三、永远忠于党，忠于人民，为共产主义事业奋斗终生。

一九六二年二月×日

今天，我看了《孙悟空三打白骨精》的电影后，受到了一次深刻的政治教育。我认为影片中的孙悟空，是一个英雄好汉，他的立场鲜明，斗志坚强。他能通过事物的表面现象，看清事物的本质，识破妖魔的阴谋。他爱憎分明，对敌人不抱任何幻想，坚决斗争到底，直至最后把敌人消灭。

唐僧这个人软弱无能，敌我不分，对敌人抱着幻想，把好人当坏人，结果落入敌人之手，要不是孙悟空来搭救，他就完蛋了。

猪八戒此人和平麻痹思想极为严重，分不清是非，有个人主义思想，差点儿断送了自己的生命。

沙和尚这人表现一般，不上不下，站在中间，因他分不清是非，结果也上了敌人的当。

总的看来，这部影片很好，现实教育意义大，特别是对那些对帝国主义抱有幻想的人是一个极大的教训，对现代修正主义者是一个打击。

看过这部影片，我们应该懂得，敌人是不会发出善心的，是不肯放下屠刀的，直至他们灭亡。

我们还要知道，要消灭敌人取得胜利，首先要在大风浪中分清是非，斗争到底，加强内部的团结，统一思想，一齐行动，这样才能有力量，战无不胜。

我觉得，一个革命者要不迷失前进的方向，正确地分清是非，取得革命的胜利，就得努力学习马克思列宁主义和毛泽东思想，掌握了这个思想武器，并用于实际，就可以取得革命的胜利。

我要学习孙悟空坚定不移的立场，学习他分辨是非的能力，学习他顽强的斗争精神，学习他对敌人憎恨、对自己人无限忠诚的特性，学习他不消灭敌人决不罢休的精神。

我决心永远忠于党，听党和毛主席的话，练好军事技术，不消灭敌人……我决不罢休。

一九六二年二月十九日

今天是我永远不能忘的日子。

像我这样一个穷孩子，能光荣地参加这次××部队召开的首届团代会，感到万分的激动，能见到上级首长，直接听到首长的报告和指示，更是感到荣幸。首长特邀我参加这次隆重的团代会，并选我为主席团的成员，能和首长坐在一起，能和来自四面八方的英雄模范见面等等，这一切都是我过去做梦也想不到的。

我这次参加团代会，既感到高兴，又感到惭愧。高兴的是，有党和毛主席的好领导，全军共青团工作取得了巨大的成就；惭愧的是，我为党和人民做的工作太少了，比起其他的代表，我差得太远了。

但是我决不甘心落后。我想，只要听党和毛主席的话，积极肯干，就能为祖国、为人民做出许多好事。我相信自己，别人能做到的事，我一定能做到。

我决不辜负党和人民对我的期望，决心从以下几个方面努力：

（一）永远听党和毛主席的话，党指向哪里，我就冲向哪里，处处以整体利益为重，全心全意为革命工作，勤勤恳恳、踏踏实实，在平凡细小的工作当中，干出不平凡的业绩。

（二）好学。我要认真学习毛主席的著作，刻苦钻研技术和业务；一定要把毛主席的思想学到手，指导自己的一切行动，争当政治战线上的尖兵；一定勤学苦练提高技术，争当技术能手。总之，我决心做个又红又专的革命战士。

（三）我要密切联系群众，相信群众，虚心向群众学习，团结带领群众一同前进，永不自满，永不骄傲，永远谦虚谨慎，紧紧地与群众团结在一起，共同为党的伟大事业而奋斗。

（四）我要积极肯干，做到说干就干，干就干好，脚踏实地、实事求是地干，千方百计地干，事事拣重担子挑，顺

利时干得欢，受挫折时也要干得欢，扎扎实实地干，一定要把事情办好。

一九六二年二月二十六日

过去，我是孤苦伶仃的穷光蛋。

现在，我是一个光荣的共产党员，国家的主人。

将来，我永远是党的忠实儿女，人民的勤务员。

一九六二年二月二十七日

雷锋呀，雷锋！我警告你牢记：千万不可以骄傲。你永远不能忘记，是党把你从虎口中拯救出来，是党给了你一切……至于你能做一点儿事情了，那是自己应尽的义务。你每一点儿微小的成绩和进步都应该归功于党，要记在党的账上。

我一定听党和毛主席的话，把我的青春献给世界上最壮丽的事业——为人类解放而斗争。

一九六二年三月二日

骄傲的人，其实是无知的人。他不知道自己能吃几碗干饭，他不懂得自己只是沧海之一粟……

这些人好比是一个瓶子装的水，一瓶子不满，半瓶子晃荡，可是还晃荡不出来。这有什么值得骄傲的呢?

一九六二年三月四日

我愿做高山岩石之松，不做湖岸河旁之柳。我宁愿在暴风雨中——艰苦的斗争中锻炼自己，也不愿在平平静静的日子里度过自己的一生。

一九六二年三月九日

我懂得，一个人只要听党和毛主席的话，积极工作，就能为党做很多好事情。

但，一个人的力量毕竟是有限的，走不远，飞不高，好比一条条小渠，如果不汇入江河，永远也不能汹涌澎湃，一泻千里。

一九六二年三月十六日

我是党的儿子，人民的勤务员。我走到哪里，哪里就是我的家，我就在哪里工作。

一九六二年三月×日

生活中一切大的和好的东西全是由小的、不显眼的东西累积起来的。

人若没干劲，好像没有蒸汽的火车头，不能动；像没长翅膀的鸟，不能飞。

一九六二年三月二十四日

今天吃早饭，我看到炊事班的饭盆里有很多锅巴，便随手拿了一块儿吃。炊事员×××同志说："自觉点儿啊！"我听了这句话，心里很难受，觉得吃一块锅巴有什么？赌气把那块锅巴放到饭盆里，走了出来。

这时，通信员送来了一张报纸。我接过来就看，首先看到报纸上毛主席的语录。毛主席说："因为我们是为人民服务的，所以，我们如果有缺点，就不怕别人批评指出。不管是什么人，谁向我们指出都行。只要你说得对，我们就改正。"

我一口气把这段话念了十多遍，越念越感到自己不对，越念越感到毛主席的这些话好像是专门对我说的，越念越后悔不该和炊事员赌气。我自己问自己："你多不虚心呀！人家批评重一点儿，你就受不了啦？"

想来想去，我还是硬着头皮跑到炊事班，承认了自己拿锅巴吃不对，并检查了自己的缺点。炊事员感动地说："你对自己要求这么严，真是好同志……"

一九六二年三月二十八日

我们要真正学到一点儿东西，就要虚心。

譬如一个碗，如果已经装得满满的，哪怕再有好吃的东西，像海参、鱼翅之类，也装不进去，如果碗是空的，就能装很多东西。

装知识的碗，就要像神话中的"宝碗"一样，永远也装不满。

一九六二年四月四日

有人说：人生在世，吃好、穿好、玩好是最幸福的。

我觉得人生在世，只有勤劳，发愤图强，用自己的双手创造财富，为人类的解放事业——共产主义贡献自己的一切，这才是最幸福的。

一九六二年四月十五日

《黄继光》这本书，我不只看过一遍，而且是含着激动的眼泪，一字字一句句地读了无数遍，甚至我能把这本书背下来。我每当看完一遍，就增加一分强大的力量，受到的教育也一次比一次深刻。它对我的启发和鼓舞极大。

英雄黄继光之所以能为人类的解放事业做出伟大的贡献，是因为他有高度的阶级觉悟，对敌人恨之入骨，对党、对人民、对革命事业无限忠诚。

我要学习黄继光那种坚定的无产阶级立场，学习他勇敢坚强的革命意志，学习他的高贵品质，学习他关心别人比关心自己为重，学习他兢兢业业为党工作的精神，学习他勤劳朴实的性格，学习他谦虚好学渴求进步的精神，学习他为祖国人民英勇战斗的精神。

现在我是普通一兵，对党和人民没做出什么贡献，但是我有决心，永远听党和毛主席的话，紧紧跟着党和毛主席走，永远忠于党，忠于人民，兢兢业业为党工作一辈子，老老实实为人民服务，坚决完成黄继光未完成的事业。

我随时准备献身祖国，必要时，我一定像黄继光那样，贡献自己的生命，做祖国人民的好儿子。

一九六二年四月十六日

　　我今天一口气读完了《党的好儿子龙均爵》这本书。这本书太好了，对我的教育极深，对我的启发和帮助很大。

　　我处处要以龙均爵为榜样，永远学习他不畏艰难困苦、敢于斗争的精神；学习他关心爱护同志的高贵品质；学习他大公无私、舍己为人的精神；学习他刻苦学习钻研技术的毅力；学习他爱护国家财产如爱护自己生命的精神；学习他处处把国家的利益和人民的利益放在个人利益之上的思想。

　　坚决学习他，并贯彻于实际行动中，一定要在保卫祖国和建设祖国的事业中，贡献自己的力量。

一九六二年四月十七日

一个人的作用，对于革命事业来说，就如一架机器上的一颗螺丝钉。

机器由于有许许多多的螺丝钉的连接和固定，才成了一个坚实的整体，才能够运转自如，发挥它巨大的工作能力。螺丝钉虽小，其作用是不可估量的。我愿永远做一个螺丝钉。

螺丝钉要经常保养和清洗，才不会生锈。人的思想也是这样，要经常检查，才不会出毛病。

我要不断地加强学习，提高自己的思想觉悟，坚决听党和毛主席的话，经常开展批评与自我批评，随时清除思想上的毛病，在伟大的革命事业中做一个永不生锈的螺丝钉。

一九六二年四月十九日

我今天看了《在前进的道路上》的电影后，受到了很大的教育。影片中的何局长因居功骄傲，组织观念不强，脱离了党的领导，脱离了群众，光凭自己的主观愿望办事，结果犯了严重的错误。他犯错误的根源是什么呢？因为他骄傲自大，不尊重别人，不深入下层，凭主观办事，所以脱离群众；因为他不虚心学习，政治水平就跟不上形势的发展，对问题的看法和认识就有偏差，其结果必然犯错误。事实教育了我，骄傲是犯错误的根源，是落后的开始。我永远要保持谦虚谨慎的态度，老老实实为党工作。

影片中罗副局长这个人物很好，表现在他政治立场坚定，原则性强，敢于批评斗争，虚心好学，能密切联系群众，对革命事业高度负责。我要永远向他学习，多为党做些工作，为祖国做贡献。

一九六二年四月二十七日

今天，×××同志上街看电影，没有请假。首长批评了他，可是他很不高兴，背后说："当兵真不自由，处处受纪律的束缚。今天人民自己当家做主，谁也用不着管谁。"

我听到这些话，立即向他做了解释："我们青年人要把自己培养成为一个具有共产主义道德的人。我们不能忘记了培养共产主义道德品质的一个重要方面，就是以自觉遵守纪律的精神来锻炼自己。你不管去战斗，去劳动和工作、学习等，都必须遵守纪律。就是我们的日常生活，也得有纪律。如果我们没有纪律的话，我们可以想象到，我们的社会将会成为什么样子呢？人人自由行动，社会必然会混乱起来，就像乐队队员们在演奏时不听指挥一样，你唱你的，我唱我的，一定会弄得杂乱无章，不成音乐了。"

我还举例对他说："比如上课吧，有一个不遵守纪律的学生故意在课堂上闹，故意出洋相，逗人家笑，这就会妨碍别人专心听讲，使课堂教学无法顺利进行，影响大家学习的自由。我们需要哪种自由，难道还不明显吗？同时，也正因为今天我们人民自己当家做主，就更应该表现出有纪律、有教养，而不应该扰乱我们自己的秩序。"

经过摆事实讲道理，×××同志想通了，提高了认识，承认了自己违犯纪律不对，并且向首长写了检讨书，表示今后会很好地遵守纪律。

一九六二年五月二日

今天下午我在保养汽车，突然下起了大雨。

我正在遮盖车辆的时候，见到路上有一位妇女，抱着一个小孩儿，右手拉着一个五六岁的孩子，左肩上还背着两个行李包，走起路来真是很吃力。

我急忙跑上前，问她从哪儿来，到哪儿去。

她说："从哈尔滨来，到樟子沟去。"她还告诉我说："兄弟呀！我今天遭老罪了，带两个孩子，还背一些东西，天又下雨，现在天快黑了，还要走十多里路才能到家。现在我都累迷糊了，我哭也哭不到家呀……"

我听她这么说，心里很过不去。我想，毛主席说过："我们的同志不论到什么地方，都要关心群众，帮助他们解决困难。"

想起毛主席的教导，我浑身有了力量。我跑回部队驻地，拿着自己的雨衣给那位妇女，我又抱着她的孩子，冒着风雨送他们回家。

在路上，我看那小孩儿冷得发抖，我立即脱下自己的衣裳给他穿上。走了一小时四十分钟，终于把他们送到了家。

那位妇女激动地对我说："兄弟呀，你帮了我，我一辈子也忘不了啊……"

我对她说："军民一家嘛，何必说这个呢……"

我离开她家的时候，风雨仍然没停，他们都留我住下。我想，刮风、下雨、天黑，算得了什么？一定要赶回部队，明天照常出车。

我一边走一边想着：我是人民的勤务员，自己辛苦点儿，多帮人民做点儿好事，这就是我最大的快乐和幸福……

一九六二年五月六日

今天是星期日，过得很有意义。

上午修路二百米，把几个坑洼的地方都填好了。开车的人对我说："你做了好事呀！把路修好了，以后行车就要少遭点儿罪了。"我想，是呀！为了使行车方便，减少车辆震动，以防机件受损失，自己少休息点儿，多劳动点儿，是完全值得的。

下午，我保养了一个小时车，其余时间帮老百姓种地。我看到老乡们犁地，心想：借此机会学习犁地也不错呀！我提出要求，就得到了老乡的支持，尤其是王老大爷真好，把着手教我犁地。开始，牲口不听我使唤，地也犁得弯弯曲曲的。学习了一会儿，找到了点儿门路，慢慢就顺手了。两个小时过去了，老乡说："休息一会儿吧，让牲口吃点儿饲料。"说实在的，这时我真不想休息，总想多学一会儿，虽然累了一身汗，我觉得学点儿犁地技术是完全划得来的。从内心往外说，我时刻都想多学点儿本领，更好地为人民服务。

我时刻牢记着马克思的教导：不学无术在任何时候，对任何人都不会带来利益。

今天，我为了人民的利益、阶级的利益、革命的利益，多学点儿本领就更为必要了。我之所以要虚心学习，刻苦钻研，学到真本领，就是为此目的。

一九六二年五月八日

今天部队发放了夏天的服装，本来每人发两套军服、两双胶鞋……

我想，当前国家正处在困难时期，再说，我们的国家还很穷。可是党和人民对我们却还这样无微不至地关怀，使我从内心感激党和人民的关怀。党和人民对我们这样好，可是也不能烧火棍一头热呀！我们也得为党和人民着想。应该积极响应党的号召，发愤图强，自力更生，处处做到增产节约，发扬我军艰苦朴素、勤俭节约的优良传统。

为了和人民群众同甘共苦，减轻人民的负担，共同克服目前的困难，我只领了一套单军服和一双新胶鞋，其他用品也少领了。以前用过的东西，我都修补好了，继续使用。穿破了的衣服补好了再穿。我觉得就是现在穿一套打补丁的旧衣服，也比我过去披的破烂衣服要好千万倍啊！

一九六二年六月二十二日

从三月十六日到今天，我开的汽车已安全行驶了四千多公里，没有发生事故，圆满地完成了上级首长交给的各项任务。

为了使车辆经常处于良好的技术状况，准备迎接新的任务，首长给了我一天时间保养车。

从今早六点钟开始工作，我清洗了燃油系，检查调整了电路，给底盘各部机件打了黄油。当我把全车螺丝检查紧定完毕的时候，接到首长的指示，叫我马上出车，护送一个重病号到卫生连。我急忙收拾工具，出车护送。临走前，我看了下手表，已是下午一点了。这时我的肚子也感到有些空了。凑巧，我连炊事员给我送来了一盒午饭，大家叫我吃了饭再走。但是我想：阶级兄弟病重，处在紧要关头，抢救同志要紧，不能耽误时间。于是我启车出发。

经过两个多小时急行车，终于把病号按时送到了卫生连，顺利地完成了任务。这时，我才松了一口气，感到格外痛快。

一九六二年六月二十八日

有些人对个人和集体的关系认识不清，因此做工作、办事情、处理问题等，只顾个人，不顾集体。这样，就会给革命造成损失，给集体造成不利。我觉得正确认识个人和集体的关系是很重要的。

我认为个人和集体的关系，正像细胞和人的整个身体的关系一样。当人的身体受到损害的时候，身上的细胞就不可避免也要受到损害。同样地，我们每个人的幸福也依赖于祖国的繁荣。如果损害了祖国的利益，我们每个人就得不到幸福！

一九六二年七月一日

今天是党的生日。在这个伟大的节日里，我激动的心啊，像大海里的浪涛一样，不能平静。

……

在十多年前，我还是个孤苦伶仃的穷孩子。

......

党像慈母一样，哺育着我长大成人。

是党给了我生命；是党给了我幸福；是党给了我无产阶级的思想；是党给我指出了前进的方向；是党给我开辟了前进的道路；是党给了我前进的力量；是党给了我的一切。

今天，我当了家，做了国家的主人，得到了自由和幸福，内心是何等地感激党和毛主席啊！我时刻都想掏出自己的心，献给伟大的党。

忆过去，我刻骨地痛恨三大敌人。

想今天，我万分地感谢党和毛主席的恩情。

望将来，我信心百倍，浑身是劲，坚决要为共产主义事业奋斗到底。

为了党，我愿洒尽鲜血，永不变心。

为了革命，为了阶级的最高利益，我时刻准备着，挺身而出，牺牲自己的一切。

为了人类的解放事业——共产主义，我要献出自己的毕生精力和整个生命。

"棉温不如皮，糖甜不如蜜。

爹娘恩情深，比不上毛主席。"

一九六二年七月三十日

今天起床后，我们参加了后勤处的生产劳动。到地里后，有的同志没按计划带工具，本来叫带十把镐头、六把锄头，结果只带了两把镐头、五把锄头，影响了生产。

这件事，对我的启发、教育很大。我认为不按计划办事，害处很大。今天所见仅仅是生产当中的一件小事，大事又何尝不是如此呢？我感到无论做什么，一定要事先有计划，不能盲目乱干。只有按计划办事，才能圆满完成任务。

一九六二年八月五日

今天是星期日，本来应该休息。可是因为任务重、工作忙，再加上汽车行驶里程到了二级技术保养期间，我想：完成任务要紧，保养好车辆重要，牺牲个人休息嘛，没有什么。因此，我还是照常工作。上午调整了汽车各部间隙，换了手制动片。下午送工作组首长到我团工作，一路很平安……

一九六二年八月六日

今天，我听一位同志对另一位同志说："人活着就是为了吃饭……"我觉得这种说法不对。

我们吃饭是为了活着，可活着不是为了吃饭。我活着是为了全心全意为人民服务，是为人类的解放事业——共产主义而斗争。

一九六二年八月八日

今天给一营二连拉粮食。

上午八时从××山出车，九时半左右就到达了抚顺粮站。这趟车是副司机开的。因为他缺乏驾驶经验，遇到紧急情况，就手忙脚乱起来，所以，轧死了老乡的一只鸭子。我立即叫他停车，向老乡道歉，并给老乡赔偿了两元钱，使老乡没意见，很受感动。

一九六二年八月十日

今天，我认真学习了一段毛主席著作，其中有两句话对我教育最深。毛主席教导我们："虚心使人进步，骄傲使人落后。"这是千真万确的真理。过去，我在一切言论或行动中，按照毛主席的教导做了，因此我进步了。现在，我仍要牢记毛主席的这一教导，坚决努力，要求自己更好地做到这一点。

今后，我要更加热爱人民和尊敬人民，永远做群众的小学生，做人民的勤务员。

附录一 雷锋诗歌选辑

南来的燕子啊

南来的燕子啊！

新来的候鸟，

从北方飞到了南方。

轻盈地掠过团山湖的上空，

闪着惊异的眼光。

我听清了呢喃的燕语，

像在问："为什么荒芜的团山湖，

今年改变了模样？"

南来的燕子啊！

让我告诉你吧，

团山湖这片未开垦的处女地，

是由于党的巨大的力量，

才围垦成一个新的农场。

是他们——农场的工人们，

用勤劳的双手，

给团山湖换上了新装。

南来的燕子啊！

也许母燕曾向你说过旧时的形象。

往日的团山湖——

湖草丛生，满目荒凉，

洪水一到，一片汪洋。

十年前有人三次收款，三饱私囊，

围垦团山湖只是一个梦想。

如今的团山湖啊——

良田万顷，满垄金黄，

微风吹过一片稻香。

新修的长堤像铁壁铜墙，

洪水已再不能称凶逞狂。

红旗插在社会主义的农场，

到处是谷满仓、鱼满舱，

祖国又添了一个"鱼米之乡"。

南来的燕子啊！

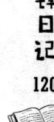

你可不用惊呆。

不是晴天里响起了春雷，

而是拖拉机在隆隆地开；

不是沟渠里的水能倒流，

而是抽水机在把积水排。

为什么草坪上格外喧腾？

那是饲养员在牧马放牛！

南来的燕子啊！

你是这样轻快地飞翔，

许是欣赏这美丽的景象：

蜿蜒的八曲河像一条白银管，

灌溉这片肥沃的土地，

团山湖与乌山对峙，

是天然生成的一幅屏障。

这景象是诗情也是画意，

活跃在这诗画般怀抱里的工人，

更是些生龙活虎般的健将。

有的是双手拿惯了锄头，

有的是才放下笔杆才放下枪。

他们豪迈地这样说：

"这是一所新的国营农场，

也是一所露天工厂，

还是一个培养红透专深人才的学堂。

……"

南来的燕子啊！

你不用再寻旧时代的屋梁，

无论你飞到哪里，

再也找不着你从前住过的地方。

去年这里是荒凉的地方，

今年变成了高大的厂房，

欢迎你到新的农场宿舍来拜访。

但得请你告诉我，

你可知道你所飞过的地方，

新建了多少这样的农场？

一九五八年八月一日

党救了我

一九四四年的三十晚上，

没有月亮，无星光，

只听一声炮响，

鬼子进了桥头村庄。

他们像一群万恶的野兽，

抢走了粮食，夺走了猪羊，

烧毁了我们的房屋，

血洗了咱们的村庄。

我的父亲被日寇活活地打死，

我的兄长被机器活活地轧死，

我的弟弟被饿死，

我的母亲含恨被迫自杀。

剩下了七岁的我，

只好到处流浪。

今天流落到东家，

要上一碗洗锅汤；

明天站在西家大门口，

他放出一群恶狗，

咬得我手脚稀烂，

撕破了我的衣裳，

屁股胳膊露在外边。

捡了破烂麻袋，

还算好衣身上穿。

夜里找不到住地，

就睡在人家屋角的阶台上。

冬天在梦中冻醒，

那结了冰的破衣刺骨钻心；

夏天躺着，两手双脚不能停，

那长脚的毒蚊子，

咬得痛心，满身发肿通红；

秋天一到，

痢疾拉得真不像人；

春天不冷也不热，

那暴雨飘上台阶淋湿我浑身。

这悲惨的生活，

使我真不想活在人间……

霹雳一声巨响！

东方升起了红太阳。

啊！伟大的中国共产党，

您把我拯救，

把我抚养，

把我送进工农子弟的学堂。

冬天区委陈书记买给我新棉衣，

夏天他买给我蚊帐和汗衫。

若我有一点小病，

陈书记的心啊，

一刻也不能安宁，

比失掉了双手、眼睛还心疼。

我戴上红领巾的那天，

他赠给我金星钢笔，

买给我果糖。

难忘的一九五六年最后一天，

我站在团旗下面，

举起了右手向团宣誓。

我念完了高小，

踏进了望城的县委机关，

我要好好工作、听党的话，

为祖国发出热和光。

一九五八年

我的感想

毛主席啊像父亲，
毛泽东思想像太阳。
父亲时刻关怀我，
太阳培育我成长。

一九五九年

荒山荡绿波

一群小伙笑呵呵，
背起锄头上山坡，
只听一声锄头响，
笑看荒山荡绿波。

一九五九年

翻车机

我第一次走近翻车机的身旁，
仿如空中霹雷响，
吓得我倒退两步心惊慌，
啊！原来是翻车机把一列煤车来个底朝上。
只听那半空中唰唰响，
满满的一列车煤呀！
翻倒得又净又光。

马达在轰鸣，
翻车机好像个大蛟龙，
上下不停地翻腾搅动。
你的力量无尽无穷，
你的任务是多么重大而光荣。
你有时有点儿小毛病，
我们工人的心啊，
好比失掉双手、眼睛还痛。

翻车机呀，翻车机，

我在你身旁工作是多么的骄傲！

我愿意在你身旁尽忠效力，

伸出你的友谊的手吧——翻车机，

你我共同走向共产主义！

一九五九年×月×日

当我穿上军装的时候

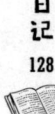

小青年实现了美丽的理想，

第一次穿上庄严的军装，

急着对照镜子，

心窝里飞出了金凤凰。

党分配他驾驶汽车，

每日就聚精会神坚守在机旁，

将机器擦得像闪光的明镜，

爱护它像爱护自己的眼睛一样。

一九六〇年×月×日

（说明：这首诗原本写在雷锋的日记里，没有名字，现在的名字是编者后加的。）

唱支山歌给党听

"唱支山歌给党听，

我把党来比母亲，

母亲只生我的身，

党的光辉照我心。

旧社会的鞭子抽我身，

母亲只会泪淋淋，

共产党号召我们闹革命，

夺过鞭子揍敌人。"

一九六〇年×月×日

（说明：《唱支山歌给党听》是原作者姚筱舟投递给报刊发表的诗歌，后来雷锋把它摘抄在了日记本里，并做了些修改，以此作为名言警句对自己进行鼓励和鞭策。再后来，《雷锋日记》被编印成册的时候，上海的作曲家朱践耳看到里面抄写的"唱支山歌给党听，我把党来比母亲，母亲只生我的身，党的光辉照我心。旧社会的鞭子抽我身，母亲只会泪淋淋，共产党号召我们闹革命，夺过鞭子揍敌人……"心情难以平静，谱成了曲子并交给当时正在上海音乐学院深造的才旦卓玛试唱，这首歌很快唱响全国，至今仍广为流传。）

永远学习黄继光

我永远向您学习，

英雄的战士黄继光！

我是党的儿子，

人民的勤务员，

为了全人类的自由、幸福、解放，

哪怕高山、大海、巨川！

为了党和人民的事业，

就是入火海，进刀山，

我甘心情愿！

断头骨粉，

身红心赤，

永远不变！

一九六〇年

新旧社会对比

想起来，好心酸，

想起过去想今天。

旧社会里当牛马，

吃糠咽菜苦难言。

夏天无衣光着膀，

冬天麻袋遮风寒。

层层剥削受压迫，

死在洋沟无人管。

自从来了共产党，

当家做主把身翻。

参加企业来管理，

咱们工人掌政权。

过去黑暗全扫净，

如今生活乐无边。

丰衣足食多幸福，

党的恩情比蜜甜。

旧社会工人苦中苦，

新社会工人福中福。

新旧社会来对比，

我们饮水要思源。

生活好来别忘本，

勤俭持家不浪费。

余钱送到储蓄所，

利国富民真是强。

节约储蓄好处大，

建设咱们新国家。

一九六〇年

参加市人代会有感

　　今天是我永远不能忘记的日子，我光荣地参加了抚顺市第四届人民代表大会第一次会议。像我这样一个孤苦的穷孩子，能够参加这样的大会，心里有说不出的高兴和感激。

过去当牛马，
今天做主人。
参加代表会，
讨论大事情。

人民有权利，
选举自己人。
掌握刀把子，
专政对敌人。

衷心拥护党，
革命永继承。
哪怕进刀山，
永远不变心。

一九六一年

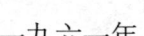

附录二 雷锋书信选辑

致姑嫂城公社领导的信

敬爱的姑嫂城公社领导同志:

你们好!

我自从去年从湖南省望城县委机关到鞍山工作,直到今年九月间,领导又把我调到弓长岭矿焦化车间工作,我到此地时间很短,以至对你们的联系很不够,请多多原谅吧!

为了响应党的号召,工业支援农业。我是一个共青团员,我应该听党的话。因此,我利用下班、上班、早晚以及星期日的休息时间,拾到大粪三百来斤。我趁今天礼拜的休息时间,特地将大粪送给你们公社,以支援农业生产。请你们收下,祝你们取得明年农业生产的更大丰收。

让我们携起友谊的手来,共同建设社会主义和实现共产主义社会。

最后，请你们今后多多帮助和指导我。

致以革命的

敬礼

弓长岭矿焦化车间　雷锋

一九五九年十二月十三日

致中共辽阳市委的信

敬爱的辽阳市委：

我是七三四三部队十五分队的一名新战士，我名叫雷锋，是今年一月从辽阳弓长岭矿入伍到部队的。由于部队党委和首长对我的不断教育和培养，使我的政治觉悟不断地提高，使我的思想和眼界变得更加的开朗和远大。

现在党中央向全国人民发出了增产节约的号召。目前，在我们的部队里，已掀起了一个轰轰烈烈的增产节约的高潮。我是一个共青团员，我应该积极地响应党中央的这一号召，我看到最近以来，辽阳遭受了百年没有过的大洪水的侵袭，因此使国家和人民的财产受到了很大的损失。现在国家和人民有困难，我是一名中国人民解放军战士，我一定要挺身而出，以实际行动来支援灾区人民。

现在部队每月发给我们六元钱津贴，我每月除了理发花五角钱外，余下的钱我都存到储蓄所。入伍后我把在工厂时候攒的四十多元，都带到部队存到了储蓄所。我在部队短短的七个月里，又节约了津贴费三十多元，到现在为止，我已储存了一百元钱。

今天我怀着万分高兴的心情，将我节约的一百元钱寄给你们，支援灾区人民公社发展生产。

我的生命是党给我的，党是我慈祥的母亲。我一定要听党的话，永远忠于党，忠于人民，为祖国的壮丽事业贡献我的一切力量。最后请市委对我多多培养，使我不断前进。

此致

敬礼

雷锋

一九六○年八月二十八日

给郑树信的信

亲爱的郑树信同志：

您好！

来信已收到。您的信我一连读了好几遍，越读越高兴，越读越有劲，真是越读越想读哩！……您的每一句话对我的工作、学习等各方面都有很大的启发和帮助，对我的鼓舞甚大。为此，我表示衷心的感谢。

今天，我怀着万分高兴的心情给您写这封信，并向您致以亲切的慰问和热情的祝贺。

近来工作忙吗？学习紧张吗？身体好吗？生活怎样呢？一切都好吧？预祝您在伟大的一九六二年里创造出更多更好更新的奇迹。

为了更好地向您学习，现将近来情况简单向您汇报一下：目前，我们正在进行国防建设，特别是我们运输连更为繁忙，白天黑夜都要执行任务。虽然任务重，时间紧迫，但我们感到，这是一个最好的锻炼机会。我们一定要练出过硬的本领，熟练地掌握驾驶技术，圆满完成各项任务。尽管工作很忙，我还是坚持每天半个小时的"毛著"学习，坚持天天做早操，练单双杠，所以身体还很结实。我们的生活过得很不错，精神很愉快。总之，一切都顺利如常，请勿念。

今后，让我们加强联系，紧紧地携起手来，互相帮助，互相鼓励，共同进步。

此致

敬礼

祝您身体健康！

同志雷锋忙草

一九六二年三月十日

给雷明义的信

三叔：

　　您好!

　　近来身体好吗？工作忙吧？精神愉快吧？生活过得怎样呢？一切都好吧？因我任务繁重，时间紧迫，很久没给您写信，对不起，请原谅吧！

　　由于党和上级首长对我的重视，要把我培养成为一个党所要求的又红又专的共产主义接班人，因此，对我的成长和进步特别地关心，曾调我到外地学习，以提高我的政治觉悟和理论水平，分配我带领一个班在外地执行国防施工任务。在紧张的工作和艰苦的环境下，以培养我们艰苦奋斗的作风，锻炼我们的革命意志，更重要的是，培养和提高我们的军事技术……

　　由于党的培养教育，同志们的帮助，加上自己在实践中的刻苦锻炼，使我的工作、学习、军事技术等各方面都有很大的提高和进步。就拿军事技术来说：在教员和同志们的指导和帮助下，加上自己天天练，因此技术提高较快，从三月十六日起到今天为止，我驾驶的汽车已安全行驶了四千多公

里，没发生事故，圆满地完成了各项运输任务。我决心继续努力，争取更大的成绩。

日前我的身体非常结实，精神饱满，生活过得很愉快，总之一切都很顺利。请勿挂念。

此致
敬礼
　祝好

侄儿　雷锋

一九六二年

附录三 雷锋文章选辑

我学会开拖拉机了

团山与杲山之间有一个大湖——团山湖。它纵横六七里，湖草丛生。人们形容这里土地肥沃，说是有五尺深的肥料。湖的周围去年围起了一道新的大堤。那弯弯曲曲的大曲河，再不能穿过湖中间了，只能顺着新堤往下游流。一个新的国营农场在荒洲上建起来了。还有"铁牛"在荒地上奔驰着。这里有三百多名勤劳勇敢的农场工人在歌唱今天的幸福，歌唱劳动的愉快，歌唱美好的将来。

三月十日，是我永远不能忘记的日子。这天，我第一次学会了开拖拉机，心情是何等激动啊！

我七岁时父母双亡，变成了一个可怜的孤儿。那时，在国民党反动统治下，我只得给地主放牛，吃不饱，穿不暖，经常挨打挨骂，过着牛马一样的生活。

自从来了人民的救星——共产党，把我从火坑中拯救出来，送我上学，给我吃的穿的，把我培养成为一个有一定知

识、觉悟的青年；使我于一九五六年投入革命的怀抱（在县委会当公务员），并在一九五七年二月加入了自己光荣的组织——青年团。

今年一月底，团县委号召建立望城第一青少年拖拉机站，接着又看见农学院的拖拉机来支援团山湖犁田，我多么想当一名拖拉机手！我就把节约下来准备做被子的二十元钱，全部捐献了，只想拖拉机站马上建成就好。

这次，党批准我到农场来，我真是高兴极了。二月二十六日，我光荣地走上了劳动战线——到了团山湖农场，学习驾驶拖拉机。

当我第一次爬上拖拉机驾驶台学习的时候，我真高兴得要跳起来。我坐在驾驶员的身边，专心地看他怎样操作，怎样转弯，怎样发动汽油机……老陈一面驾驶，还一面告诉我操作方法和各部分名称，我一点一滴都记在脑子里，并写在日记上。这几天，我总是睡不着觉，起来又去学习，只想早一日学会，早日为祖国出一点儿力量。

学习了一个星期，懂得了一些操作方法和基本知识，老陈就让我试验驾驶。他真的让出座位，站在一旁指点我。我一坐上驾驶台，心跳得很快，生怕开不动，别人会讥笑；又怕没有力，转不动方向盘；还怕刹不住车，就更糟。我的心情既紧张，又快活，手脚都不由自主地颤抖起来。老陈对我说："不要怕，要放勇敢些！"这时，我才把油门加大，把离合器向上一推，拖拉机嘎嘎地开动了。可是，拖拉机总不听我的指挥，走弯路。开了一会儿，我不怕了，心也跳得不那么厉害了，手脚也慢慢地不发抖了。这时，拖拉机也听我使唤了。在这个时候，我的心情又是多么喜悦呀！我回头望望，看到那可爱的肥沃土地，很快地被犁翻了，仿佛看见了一大片绿油油的可爱的庄稼。

今天，真有很大的收获，过得真有意义。下班以后，我脑子里一个转又一个转地想着。吃饭的时候，还好像坐在拖拉机上似的，不停地摇晃着；拿起筷子，像握住拖拉机的操纵杆一样，随手拽动；两只脚像踏在"刹车"和"油门"上，自然地踏动着。我在想，今天这样幸福，不是党的培养，又是哪里来的呢？

我一定要以实际行动，来报答党对我的亲切关怀和照顾。一定努力钻研，勤学苦练，克服一切困难，忘我地工作，争取做望城县的第一个优秀的拖拉机手。

一九五八年

决心书

我是一个孤儿，我七岁时，父母双亡，无人照管。自从来了人民的大救星——共产党，她把我从火坑中拯救了出来。党给我吃的穿的，还送我读书，一九五六年我已高小毕业。

几年来，由于党的不断教育和培养，使我从一个幼稚无知的孩子，成长为一个有一定知识、觉悟的共青团员。一九五六年十一月，党把我调到望城县委会当公务员，保护首长。因工作需要，在今年又调我去农场学习驾驶拖拉机，经过八个多月的学习，现已成为一个驾驶员。

根据国家形势的发展，钢铁生产占了目前的重要地位，我自己申请，经望城县委批准，我来鞍钢学习，我愿把我的青春献给祖国。

我一定服从组织的调配，到工厂后，一定刻苦学习，克服一切困难，发挥一个共青团员的应有热能，为祖国人民过上幸福生活而奋斗到底！

雷锋

一九五八年十一月七日

我决心应召

十二月三日，当我听到车间总支李书记关于征兵的报告后，我激动得一时一刻都没有平静。

夜深了，我怎么也睡不着觉，便从床上爬起来，跑到了车间办公室，叫醒了熟睡的李书记，我问他："我能不能入伍呀？"李书记笑着回答说："能呀！像你这样身强力壮的小伙子，参加人民解放军是顶呱呱的哩。"他从头到脚仔细地看了我一下说："哎呀，小雷怎么没穿棉衣呀！下这么大的雪，不冷吗？"这时我才觉得穿一套单衣有点儿寒冷，李书记把棉衣披在了我的身上。

回到了宿舍，我还是不想睡觉，坐在条桌旁边写我入伍的申请书和决心书。

　　第二天一早，我想到车间去报头一名，天还没亮，哪知道回收工段适龄青年马守华比我更早，头一名让他得去了，真想不到我报的还是第二名。

　　参军！是我从小就有的愿望，人民解放军不仅是一个革命团结友爱的大家庭，而且还是个培养青年的革命大学校。现在我的愿望就要实现了，怎么叫我不高兴呢。

　　当我在入伍簿子上写到"我要坚决参军"时，一段辛酸的回忆涌上了我的心头：

　　我出生在一个很贫穷的农民家庭，旧社会逼得我失去父母兄弟，家破人亡……全家只剩下了孤孤单单七岁的我，过着非人的生活。那时我虽年纪小，对那些要命的野兽般的帝国主义和黑暗的社会却是那么入骨地痛恨。

　　那时我真想：要是有亲人来搭救我，我一定要拿起枪，粉碎那些狗豺狼！以此为爹妈报仇。

　　光明伟大的党啊！您拯救了我，给我吃的、穿的，还送我念书，高小毕了业，加入了光荣的共青团，参加了祖国的工业建设，一天天地成长起来。

　　伟大的党啊！您是我慈祥的母亲，要是没有您，我很难想象到自己的一切。今天您需要我，我一定挺身而出，不怕牺牲和一切困难，永远忠于党、忠于人民，继承先辈优良的

革命传统，为建设现代化的强大的国防军，为保卫社会主义建设，保卫世界和平，我要把自己可爱的青春献给祖国最壮丽的事业！我要做一个真正的共产主义革命战士，粉碎帝国主义！……

焦化车间工人　雷锋

一九五九年十二月九日

永远做毛主席的好战士

我是一个在旧社会受尽阶级压迫和民族奴役的孤儿。解放后，在党和毛主席的哺育下，逐渐成长起来，并光荣地加入了中国共产党。我深深地感到，在我周身的每个细胞里，都渗透着党所给予的血液！

今后，我要更好地为党工作，认真读毛主席的书，听毛主席的话，按毛主席的指示办事。我决心在新的一年中，更深入持续地把毛主席著作学下去。初步计划在一九六一年学完《毛泽东选集》第四卷中《抗日战争胜利后的时局和我们的方针》等九篇著作，还要重读一、二、三卷中的有关著作。在学习中，我要做到联系实际，活学活用，用毛主席的思想来改造自己，把毛主席的思想真正学到手，永远做毛主席的好战士！

一九六一年一月一日

怎样对待困难

（一）什么是困难

走路这是谁都会的，可是对于刚开始学走路的小孩子来说，这就是十分困难的事，为了学会它，他不知道要跌多少次跤，可是没有一个小孩儿因为跌了一次跤便停止学走路，恰恰相反，当他刚刚学会走路的时候，他是多么高兴啊！他成天地扶着墙壁走来走去，跌倒了又爬起来，每进一步，他就感到快乐，这样经过多次失败以后，他终于学会走路了，原来困难的事，现在丝毫也不困难了。

1. 世界上有两类不同性质的困难

一类是旧事物在衰亡过程中所遇到的困难，是不能克服的。

一类是新事物在发展过程中所遇到的困难，是可以克服的。

比如：在帝国主义制度下所产生的困难，它们是永远无法克服的，为什么它们无法克服呢？这是因为帝国主义的事业是阻碍社会发展的，是反动的没落的，不得人心的。

克服困难不仅要我们在主观上认识困难的规律，而且要在客观上具备战胜困难的条件，条件具备了，如果没有我们主观上的努力，困难仍然不能克服，反之，如果条件还没有具备，单有主观上的努力仍然是不能取得效果的。

2. 怎样对待困难？

人们对待困难的态度之所以不同，归根结底有两方面的原因：一方面是由于思想觉悟不同，一方面是由于思想方法不同。

3. 见物又见人

见物又见人，即不超越客观条件所许可的范围去做那些现实不能做到的事情，又不被客观条件缚住手脚，充分发挥主观能动作用，做好一切经过努力可以做好的事情。这就是我们应该具有的正确的态度，有了这种态度，我们才能有成效，克服我们前进道路上的一切困难。

4. 有利与不利

我们靠什么战胜困难呢？主要的就是要把一切有利的因素充分地调动起来，用以克服不利的因素。有利因素发扬了，不利因素克服了，困难也就被战胜了。

（二）怎样战胜困难

1. 深入实际调查研究。

2. 相信群众，依靠群众。

3. 抓住关键，彻底解决。

希望一下子把困难全部解决，这样做的结果，那就是十个指头捉跳蚤，一个也捉不到。

4. 开动机器，苦思多想。

5. 依靠党的领导。

党是我们的引路人，是我们的鼓舞者和组织者，是我们力量的源泉，我们要时时刻刻听党的话，执行党的指示，主动地自觉地依靠党的领导，依靠本单位的党组织。只要真正做到了这一条，我们就能征服困难。

一九六一年一月十八日

苦甜观

我们连正在大张旗鼓地开展"两忆三查"运动，我一定要站稳立场，用无产阶级观点来观察和分析问题。毛主席教导我们："在阶级社会中，每一个人都在一定的阶级地位中生活，各种思想无不打上阶级的烙印。”我们常说：什么藤结什么瓜，什么阶级说什么话。站在不同的阶级立场上，用不同的阶级观点看问题，对于忆苦中遇到的问题也会有不同的看法。只有站在无产阶级立场上，用无产阶级观点看问题，才能得出唯一正确的结论。

比如说“苦”，如果站在地主阶级和资产阶级的立场上来看，由于他们在旧社会是统治阶级，他们把自己的幸福建筑在千千万万劳动人民的痛苦上，把千千万万劳动人民推到饥寒交迫和被凌辱被奴役的地位，来造成少数人的特殊权力和特殊享受，所以是不存在什么苦的。劳动人民的苦正是他们的乐。

站在小资产阶级和小私有者的立场上也不能深刻地认识到旧社会的苦和苦根，甚至也看不到被剥削被压迫阶级的苦。因为这种人眼光短浅，私心很重，只图个人温饱，不关心广大劳动人民的命运，甚至自己也很想爬到资产阶级地位。只有站在无产阶级的立场上才能深刻地看到穷人在旧社会的苦。

再比如说“甜”，站在地主阶级和资产阶级的立场上，对新社会痛恨入骨，当然就感觉不到它的“甜”。站在小资产阶级、小私有者的立场上，也往往只看到个人的利益，眼前的利益，看不到全体劳动人民的利益和长远的利益，所以不能真正地认识到新社会的甜和甜源。只有站在无产阶级的立场上，才能深刻地看到新社会的甜和甜源。

看问题不仅要看现象，还要从现象中抓住本质。有人说南方的地主剥削农民轻些，农民受的苦稍浅些，北方的地主狠些，剥削农民重些，农民受的苦深一些，这都是不正确的。张三地主是活阎王，李四地主是笑面虎，这绝不能说张三地主不好，李四地主好些。天下的乌鸦一般黑。地主和农民的关系，是剥削阶级和被剥削阶级的关系。

一个阶级剥削另一个阶级，他们依靠什么呢？我们要看到生产资料所有制是决定性的问题。地主所以能剥削农民，资本家所以能剥削工人，就是因为生产资料掌握在他们的手里，绝不是工人农民的命不好。田在地主手里，他们掌握了活路，他叫你活，你就活；他叫你死，你就得死。新社会劳动人民所以有了甜，就是因为从根本上改变了生产资料所有制的关系，消灭了私有制，建立了社会主义公有制，我们自己掌握了活路。

为什么人数极少的剥削阶级能够占有大量的生产资料，剥削占绝大多数的劳动人民，骑在人民头上作威作福呢？我们还要懂得政权是革命的根本问题，经济制度是靠政权来维护的。剥削阶级总是和反动政府勾结在一起，他们依靠反动政府来维护他们的剥削制度。另外，一个国家的剥削阶级和他们建立的反动政权，在国际上还有帝国主义做靠山，他们紧紧结合在一起，剥削和压迫人民。在旧社会，军队、警察、法庭、监狱都是剥削阶级用来压迫和剥削人民的工具，人民有苦也只能往肚里咽。

只有当我们推翻了反动的统治阶级，人民才能当家做主。人民掌握了"刀把子"，才能改变这种人剥削人的经济制度，挖掉苦根子，栽下甜根子。

用阶级观点看清了苦和甜，又用阶级观点看清了苦根和甜源，紧接着提出来的是怎么办的问题。

用无产阶级观点简单地回答这个问题，就是要革命，要搞阶级斗争，推翻反动阶级的统治，消灭生产资料的私有制，将革命进行到底。

革命是严肃的斗争，我们必须树立艰苦奋斗的思想。我们革命的前辈在党和毛主席的领导下，历经千辛万苦，经过几十年的艰苦奋斗，才夺取了政权，建立了社会主义社会，把我们的苦变成了甜。我们决不能好了疮疤忘了疼，我们必须坚决听党的话，做毛主席的好战士，高高地举起毛泽东思想红旗，发愤图强，艰苦奋斗，坚决将革命进行到底。

一九六一年一月二十四日

对少先队员们讲纪律

我刚入伍的时候，还是一个很幼稚的青年，有时不自觉地就违反了纪律。记得一个星期日，我认为放了假，就可以随便外出了，谁也没有告诉，我就上街去照相。这件事被指导员知道了，吃过午饭就找我谈话。他搬一张凳子叫我坐下，和蔼地问我："雷锋，你今天上街请假了没有？"我难为情地回答说："没有。"

指导员说："这样不好哇，部队嘛，要有严格的组织纪律，不论做什么都要请示报告，星期天外出也要说一声。如果军队没有严格的组织纪律，就会成为一盘散沙，那怎么能战胜敌人呢！毛主席说，我们这个军队之所以有力量，是因为所有参加这个军队的人，都具有自觉的纪律。邱少云就是我们学习的榜样，他在战场上，敌人的燃烧弹烧着了他的衣服，可是，他为了不暴露目标，宁愿烈火烧身也不动一动，一直坚持到最后牺牲……"

我听到这里，心里难过极了，哭了。

指导员又说："只要认识到自己错了，今后改正就行了，哭什么？"打那以后直到现在，我再没有违反组织纪律

和各种制度。

一九六一年六月

做一个有益于人民的人

我是一个在旧社会受尽阶级压迫和民族压迫的孤儿。解放后，在党和毛主席的哺育下，成长为一个国防军战士、光荣的共产党员。这是我很难想象的。要是没有党，怎能有我的今天呢？

我从一九五八年起，一直坚持学习毛主席著作，这是与党对我的培养和我对党对毛主席的热爱分不开的。几年来，虽然环境一变再变，工作担子愈来愈重，可是我从来没间断过政治理论学习，哪怕干了一天活儿很疲倦了。晚上我宁愿少睡点儿觉，也要坚持学习毛主席著作，实在疲倦了，就走出去打一盆冷水洗洗头，脑子清醒了，坐下来又看⋯⋯

三年多来，我利用星期日、节假日以及出车前、饭前饭后和业余休息等一切可以利用的时间，读完了《毛泽东选集》一、二、三、四卷，其中有些文章我读了很多遍。另外，还读了《论共产党员的修养》等六十多本政治理论书籍。

通过学习毛主席的著作，我的政治觉悟、思想水平得到了很大的提高。我懂得了毛主席说的一个人的能力有大小，但只要有这点儿精神——为共产主义奋斗到底的精神，就是一个高尚的人，一个纯粹的人，一个有道德的人，一个脱离了低级趣味的人，一个有益于人民的人。毛主席教导我们要学习白求恩毫不利己的共产主义精神，使我认识到：作为一个人民战士，首先必须改造自己的世界观，具有高尚的共产主义精神，坚定的无产阶级立场，鲜明的人道主义观点，全心全意为广大劳动人民服务。从此我就决心向白求恩同志学习，做个有益于人民的人。

我从小就生长在毛主席的故乡，经常听到老人讲毛主席在小时候就很关心穷人、为人民做好事的故事。又通过几年来的学习毛主席著作，更加深了对毛主席的热爱。我深刻地认识到：毛主席的伟大实践过程，也就是全心全意为人民服务的过程。这给我的启发很大，教育很深。因此，我给自己规定：凡是对人民有利的事，就坚决拥护，积极去做，宁肯牺牲个人的一切。凡是对人民不利的事，坚决不做，并进行斗争。用它当作一个标尺，经常来衡量自己，检查自己，鞭策自己，这样也就促使我时时刻刻想为人民做点儿好事。有时我走路也想，吃饭也想，睡觉还想，看到一个问题或一件新事也想。不让一切不利于革命事业的个人利益、个人虚荣等肮脏的、低级趣味的东西来玷污自己。

几年来，我在工作上和日常生活中按照党和毛主席的教导，不管什么工作，只要革命需要，对人民有利的就要做好。

一九五八年，我在鞍钢当工人，利用新年放假期间到农村帮社员劳动，发现一家困难户。我立刻想起毛主席说的："我们的同志不论到什么地方，都要和群众的关系搞好，要关心群众，帮助他们解决困难。"我立刻掏出了五元钱，还脱下了自己的一套衣服送给了那家贫困户。

一九五九年，我在辽阳工作时，有一天晚上，突然下着大雨，工厂运到的七千二百袋水泥找不到东西盖，我立即从床上抱着自己的被子、褥子跑到工地盖上了水泥。我的被子、褥子虽然湿透了，但是国家的财产免遭重大损失，这就是我最大的幸福。

去年入伍后，我看到抚顺望花区新成立一个人民公社。我真从心眼儿里感到高兴，心想：毛主席领导全国人民搭了银桥又搭金桥。我是人民的战士，应该做点儿什么呢？想起了自己几年来积存下来的二百元钱，送给公社以表自己的心意。可是公社不肯收，经过我再三恳求，才留下了一半。不久，辽阳地区遭受了水灾，我在报上看到毛主席派来飞机给灾区人民运送粮食和衣物的消息，心里就想：毛主席给灾区

人民送粮又送衣，我能给灾区人民干点儿什么呢？想到自己还有一百元钱，就寄给了辽阳市委。

为了响应党中央"以粮为纲，大办农业"的伟大号召，我利用今年春节的五天放假期间捡了三百斤粪肥，送给了人民公社。我虽然少看两场电影，少玩一会儿，也感到高兴。特别是当我看到社员们都穿着新衣服，敲锣打鼓扭秧歌，家家户户放鞭炮时，我也同样感到快乐。

我看到公社里的一个医院，就想起了毛主席的"处处关心群众"的教导，我把过春节领到的一斤苹果送给了医院，慰问了有病的群众。有个老太太拿着我给的苹果，泪汪汪地说："谢谢你，我不会忘记你呀。"我激动地说："您老人家不要感谢我，这是党和毛主席叫我这样做的，您老要感谢就感谢党吧！"

几年来，每当我为人民做了一点儿好事的时候，也就是我最幸福最快乐的时候，反之，做不到这点，我觉得心中有愧，对不起党和毛主席。

我时时刻刻都这样想：党给我的恩情太深了，我为党做的工作太少了。我每一点微小的进步，都是党培养教育的成果。我还年幼无知，我诚恳地请首长和战友们多指教多帮助我，使我在革命的大家庭里不断成长，不断进步。我有决心向大家学习，坚决听党和毛主席的话，学习毛主席的著作，

照毛主席的指示办事，永远忠于党忠于人民，做一个有益于人民的人。

一九六一年

做毛主席的好战士

一九六〇年一月，我响应了祖国的征召，光荣地参加了中国人民解放军。当一个保卫祖国的人民解放军战士，这是我从小的愿望。因此，当车间李书记做了应征入伍的动员报告后，我内心激动得很久不能平静。夜间，我躺在床上翻来覆去地睡不着，一段悲惨的家庭遭遇和痛苦的童年生活的辛酸回忆，使我更加坚定了保卫祖国的决心。

我出生在一个贫苦的农民家庭。父亲给地主做长工，后来参加革命，被日本鬼子折磨死了。哥哥给资本家做工，手指被机器轧断，脑袋被撞伤，家里无钱医治，不久也死了。母亲领着我、抱着弟弟去讨饭，因吃不饱、穿不暖，第二年幼小的弟弟就活活被饿死了。母亲为了照顾我，不得不出去给地主做工，也因被野兽般的地主凌辱而死去。那时我才七岁，孤孤单单，无依无靠，只好去给地主家看猪。冬天没有棉衣，就和猪睡在一块儿取暖。地主家的肥猪比我吃的都好，每天还有人侍候它。我呢？挨打受骂是家常便饭。一次，地主家的狗抢我的饭吃，我只打了狗一下，狠心的地主痛打了我一顿，还把我赶了出来。从此，我过上了流浪的生活，凄苦难言。

一九四九年的夏天，我们家乡解放了，乡长彭德茂把我送到人民医院，治好了全身的疮疖。过年的时候，还给我换上了新衣服，还给我一块压岁钱。我感动得流下了热泪，叫他是自己的救命恩人。彭德茂告诉我："我们的救命恩人是毛主席，是共产党，是解放军。现在，你可以为你的父母兄弟报仇了。"

我是从阶级敌人、民族敌人的压榨下挣扎过来的，是在阶级友爱的革命大家庭里成长起来的。想想过去，看看现在，我知道恨谁，爱谁，我知道保卫我们可爱的祖国，是我们青年的神圣职责。我一定要积极响应党的号召，争取当一个光荣的人民战士，把自己的青春献给保卫祖国的伟大事业，这就是我一生的最大光荣。

我想到这些，从床上爬起来就跑到车间办公室，叫醒了熟睡的李书记。我问他："我能不能入伍呀？"他说："能呀！像你这样身强力壮的小伙子，参加人民解放军是顶呱呱的哩！"他看了我一下说："哎呀，小雷，你怎么没穿棉衣呀！下这么大的雪，不冷吗？"此时，我才觉得有些冷意。

回到宿舍，我又连夜写了入伍申请书。第二天一早，我想到车间报个头名，谁知道头名叫另外的同志抢去了，真想不到我却报了个第二名。

不久，厂里锣鼓喧天地把我和其他检查合格的青年送到辽阳市，可是经市一检查，说我个子矮，不批准我。这可把我急坏了，两眼含着泪水一口气跑到身体检查站，向余政委问道："凭什么不叫我参军，我哪一点不够格？"余政委说："你个子太小了……"难道因我个子小就不能保卫祖国吗？难道因我个子小就不能为自己的亲人报仇吗？我满肚子的委屈一齐涌上心头，扑到余政委的怀里痛哭了一场。余政委看我人小意志挺坚决，就同意我入伍了。我高兴地擦干了眼泪，穿上发给我的新军装，对着镜子一照，真把我乐坏了。我挺着胸膛，走进了革命队伍的行列，我的理想终于实现了。

当我刚刚走到部队的第一天，就觉得有着说不出的温暖。头一天晚上，因我在火车上受了凉，有点儿咳嗽，夜间睡不着觉，看到营长轻轻地走到我们的房间，给同志们盖被子。营长看我还没睡着，就小声地问我："小雷，怎么啦，是不是受了凉？"我想，首长工作又忙又累，夜间还来看我们，自己有点儿小病还是不告诉他好，以免麻烦。深夜一两点钟了，营长又关怀地走到我身旁，把自己的被子和大衣给我轻轻地盖上，还请来医生给我看病，我激动得泪水流湿了枕头。这一切，我看在眼里，记在心上，真感到祖国到处都有着我慈祥的母亲——伟大的共产党在关怀着我。

入伍不久，军事训练就开始了。我一听训练的是保卫祖国的本领，我的劲头就更足了，可是在投手榴弹时，因为我个子小，臂力不大，总也没有达到要求。一个革命战士，如果在战场上掷不出去手榴弹消灭不了敌人，那怎么能行呢！于是，我起早贪黑地练习，有时晚上借着月光，偷偷地从床上爬起来，拿着手榴弹就练一会儿，有时胳膊疼得很厉害，可是一想到吃点儿苦、受点儿累是为了保卫祖国的时候，就是再疼一点儿，又算得了什么呢！经过一个时期的锻炼，我终于达到了要求，取得了实弹投掷的资格，在训练时，准确地把手榴弹投到"敌人"的碉堡里。

一年来，经过党和部队首长的培养教育，我不仅学会了一套保卫祖国的本领，也大大地提高了自己的政治觉悟和思想水平。通过毛主席著作的学习，更加鼓舞了自己保卫祖国的决心，坚定了永远是个战斗队的思想，决心用毛主席的思想武装自己的头脑，做一个毛主席的好战士。

一九六〇年夏天，我在街上看到抚顺市望花区红旗招展，锣鼓喧天，成千上万的人穿着节日的盛装，庆贺人民公社的诞生。可是，在这个全民欢腾的日子里，应该怎样表达一下自己的心意呢？我把自己两年来在工厂和部队积下的二百元钱，全部从储蓄所取出来，送到望花区人民公社。公社党委不肯收我的钱，经我再三的要求，才收留了一半。

同年八月，辽阳市遭受了特大的洪水灾害，党中央和毛主席派飞机给灾区人民送来了粮食、衣服。我是人民的子弟兵，灾区人民有困难，我决不能袖手旁观，一定要大力支援灾区人民，和灾区人民同甘共苦。我把公社没有收的那一百元钱，连同我写的一封慰问信，一起寄到了中共辽阳市委。后来，市委又把钱寄给我了，并写了一封信表扬了我。

一年来，我亲身体验到部队是一个革命的大学校，在短

短的时间里，我不仅提高了政治思想觉悟，掌握了现代军事技术本领，还立了两次功，被评为"五好战士"和"节约标兵"，并于一九六〇年十一月八日光荣地加入了伟大的中国共产党。我的这些进步，完全是在党的培养、部队首长的教育、老同志的帮助下获得的。我有决心在今后的工作、学习中，争取更大的成绩。一定永远忠于党、忠于人民、忠于保卫祖国的伟大事业，做一个毛主席的好战士。

一九六二年三月六日

附录四 雷锋讲话选辑

在鞍钢授奖大会上的发言

　　我这样一个孤苦伶仃的穷孩子，今天能够参加这样光荣的大会，心中感到十分光荣，万分感激党对我的教育和培养。我的一切都是党给我的。光荣应该归于培养教育我成长的党，应该归于热情帮助我进步的同志们。

　　我懂得一朵花打扮不出春天来，只有百花齐放才能春色满园的道理。

　　一花独秀不是春，百花齐放春满园。

一九五九年九月

在化工总厂大会上的发言

敬爱的党委和全体师傅以及青年朋友：

　　今天我以万分高兴的心情来参加这次大会，通过于主席的报告和许多同志的发言，我更认识到党的英明、伟大和正确。在这会上，我代表新工人向全体师傅们致以热情的祝贺，祝你们从胜利走向胜利，乘风破浪，以愚公移山的气魄，以武松打虎的劲头，以排山倒海之势，以百战百胜的精神来超额完成钢的生产任务。

敬爱的师傅们，自我去年十一月间离开机关，踏入了伟大的工人阶级的队伍，我是感到非常荣幸的。由于工厂党委对我的亲切关怀和师傅的耐心教导，以及大家的帮助，使我很快地学会新的技术。这是党的光荣，也是师傅们的光荣，是我个人的荣幸。师傅们，我们一定要继续努力，克服困难，为完成钢的生产任务而贡献出我们的一切力量。

今天我又感到十分惭愧，我入厂到现在没有为党做出多大的成绩。通过今天的大会，我明确了只有依靠伟大的党和广大群众，克服一切困难，积极热情地工作，才会做出成绩。现在我只有以实际行动，以出色的成绩来感谢党和师傅们的亲切关怀和照顾。

在这里，我向党宣誓，向党保证：

一、我保证听党的话，服从组织调配。

二、向先进学习……破除迷信，发扬敢想敢做的共产主义的高尚风格，向科学堡垒进攻。

三、保证勤学苦练，虚心向师傅们请教，求得对机械的彻底了解和运用。

四、保证百分之百出勤，做到大病坚持干，小病不下火线。

五、保证按时参加各种会议和学习，在近两年内达到能文能武的多面手。

六、不违反劳动纪律，踏踏实实地干工作。

一九五九年

忆苦思甜

我叫雷锋，生于一九四〇年十二月十八日，家住在湖南省湘潭专区望城县，家有五口人，爸爸、妈妈、哥哥、弟弟和我。

我在旧社会遭受的痛苦和广大劳动人民一样是深重的。解放后，党和英明的毛主席拯救了我，给我带来了无比的幸福，我所要讲的也就是我在两个不同的社会里，过着两种不同生活的对比。

黑暗的旧社会是一个吃人的社会，穷人只能给富人当牛当马，过着非人的苦日子。我家祖辈三代都靠给地主做长工，维持一家半饱的生活，我爸爸给唐地主做长工时，连一家半饱的生活也维持不住。到了荒年腊月，好久还看不到一粒米下锅。我哥哥常常带着我出去要饭，看到富人就央求给点儿吃的，要是碰上有钱人家做喜事，就讨点儿剩饭剩菜吃，看到桌上的饭菜也用手扫了起来，装在一个要饭的破布兜里，留着下顿吃，要是离家近一点儿，就送回家去，给小弟弟吃。

我妈妈怕养活不了我那幼小的弟弟，想把他卖给有钱的人家，我爸爸心如刀割，坚决不让。他泪汪汪地说："我们全家死也要死在一起，决不能把他卖了。"我爸爸被逼得没法，只好把睡的床铺抬出去卖了，在地上砌几块土砖，取下房门板，搭着睡觉。

我们住着一间破草房子，屋顶露着天，后墙倒塌。要是天下雨，外面下大的，屋里就下小的，我妈怕雨淋湿了我的脑袋，拿着一个破脸盆罩在我的头上，又怕冻着我，拿破烂麻袋披在我的背上。冬天冻得没法，只好拿几捆稻草，堵住风雪，冷得实在不行了，全家人紧紧地挤在一起，又拿上几捆稻草盖上。终年辛勤劳动，全家五口有米不够半年吃。

抗日战争时期，日本鬼子侵略我国，残酷地屠杀人民，地主、资本家血腥地统治、压迫和剥削人民，劳苦人民无法生活。我爸爸参加过共产党所领导的抗日斗争，一九四五年被日本鬼子抓住，惨遭毒打，吐血屙血而死。全家无法生活，我十二岁的哥哥到离家几百里的津市一个机械厂当徒工，经受资本家一年左右的折磨，得了童子痨（肺病）。一天，昏倒在机器旁，轧伤了胳膊，轧断了手指，资本家看他再无油水可榨，便把他赶出了工厂。回家之后因无钱医治，死于一九四六年春。

我和妈妈、弟弟三人只好上街讨吃，我那幼小的弟弟受不住那种生活的折磨，活活饿死在母亲怀里。可恨的唐地主，逼迫我妈到他家做女工，我也跟着去了。我妈给他家喂奶带小孩子，给小孩儿洗屎洗尿，给少奶奶倒马桶，我给他家扫地、抹桌凳。后来妈妈被唐地主凌辱，我妈被逼得上天无路，入地无门，在一九四七年八月中旬的一天晚上自杀。那天晚上，她泪汪汪地对我说："苦命的孩子，妈妈不能和你在一起了，靠天保佑，你要自长成人。"她脱下自己的一件衣服披在我的身上，叫我到六叔祖母家去睡。我走后，她就上吊了，和我永别了！

我母亲死时我还只有七岁，旧社会使我无法活下去。在那吃人的社会里，三大敌人压得我简直没法活命，那些仇恨我一定不能忘记，我要报仇。

一个农民介绍我到地主家看猪，每天看十头猪，要给猪洗澡，晚上没有地方睡，有时还要同猪睡。有一天扫猪栏扫得不干净，地主卡着我的脖子打。过年地主吃鱼吃肉，把肉喂狗，我也想吃点，我捡了喂狗的肉吃，被狗腿子揪着耳朵，揪出了血，我哭了，地主把我往外面拖，不给我饭吃。我一个同伴很同情我，但也没有办法，就装了点儿猪食给我吃。

　　有一天是八月十五日，天已经黑了，地主要我到六里外去打酒。到酒店，店主已经睡觉了，喊门叫不开，我就哭起来，他们才开门。我一天没吃饭，在回来的路上走不动了，跌了跤，把酒也洒了些。回来时地主还坐在床上等酒吃呢，一进门就说我回来晚了，打了我几个耳光。又说酒不够，问哪里去了，我说洒了点儿，他怪我把钱买糖吃了，一拳就打在我的鼻子上，出血了，一脚又把我踢在地上。当晚不给我饭吃，我没有办法，就到屋后挖了两个地瓜吃，又被地主婆打了一顿耳光。一九四七年在地主家看猪，一天我用小罐子煮了点儿野菜，煮好了正准备吃，被地主家的一只猫刮倒了，狗又跑来吃了我的菜。我就打了狗，狗也咬了我，被地主婆看到了，她说打狗欺主，要打死我，还骂道："这样的穷鬼打死十个少五双，死一个少一个！"多亏毛奶奶说情，才没有打死我。第二天地主把我赶出来，我没有办法，在破庙里住了几天，只得吃野果山枣。解放后，我看了《白毛女》电影以后，心里非常痛，在吃人的旧社会里像我这样的人很多，都被搞得妻离子散、家破人亡。我一定革命到底，不消灭反动派决不甘心。

一九四九年我的家乡解放了，地下党员彭德茂乡长找到了我，我那时真不像样子了，头发长得很长，身上披了一个旧麻袋。他给我洗了澡，给我换衣服，过年还把我接到他家里做好了菜给我吃。我好像做梦一样，心里非常感激彭乡长，就跪在他面前。他说："孩子，不要感谢我，是伟大的党和毛主席救了你，要感谢党和毛主席。"后来党又送我到学校念书，老师给我和同学发了新书，看到同学都交了费，我就去找老师说，我还没有交费呢，老师就说这是党送你去读书，并翻出毛主席像说，就是他老人家送你读书的，你永远也不要忘记他老人家。所以我第一次在笔记本上写了"毛主席万岁"五个大字。我非常感谢党和毛主席，连睡觉做梦都想见到毛主席。后来有一个同志带我到了毛主席家乡去参观，有一个老爷爷给我讲了毛主席的故事。毛主席热爱学习，热爱劳动，处处从人民的利益出发。我非常感动，一定要好好学习，做毛主席的好学生。每天功课每天都做完，星期天也不休息，晚上九点多钟才睡，我想将来很好地为人民服务。所以一年级时我考了第一名，二年级也是第一名。二年级时土改斗地主，我们乡里成立了儿童团，我参加了，后来大家选我当团长。大人搞生产很忙，我们儿童团就去看管地主，斗争那个姓唐的地主时，我非常气愤，恨不得一口气要吃掉他，旧仇都一齐涌到我的心头，母亲是在他家做女工时被害死的，我在他家放猪遭到了非人的折磨，斗争后就把他枪毙了，为我们的阶级兄弟报了仇。

只有好好学习，将来才能更好地为人民服务，报答党的恩情。我在三年级时，参加了少先队，我是第一批入队的，大家选我当了队长。我们队的工作搞得很好，被评为全县的一个先进少先队，这是队员们的努力。

我于一九五六年高小毕业，正是党号召大办农业、发展农业生产的时候。老师要我们学生填志愿，很多人都填志愿要入技校、高中，我就在志愿书上写着"党的需要就是我的志愿"。当时这样填的，班上只有两个人，一个是贫农的女儿愿意回农村养猪。老师让我升学，我向学校写了决心，要求到农村参加农业生产，去建设新农村。农业是国民经济的基础，到农村可帮助农民扫盲，去锻炼和改造自己。农村是广阔的天地。毛主席说有两门知识：实践知识、书本知识。我再三保证，老师才批准我的要求。到农村几个月收获很大，学了犁耙和许多生产知识。

同我去的那个女同学成了养猪模范，上北京见了毛主席。她经常对我进行帮助。在农村是艰苦一些，但是想到建设新农村，我就很乐意干了。

一九五六年十二月，我调到望城县委会工作。县委张兴玉书记经常教育我，给我讲革命故事，买书给我看，对我帮助很大。

一九五七年二月，我入了团。

一九五八年，望城县委在团山湖创办了农场，我要求到农场去，张书记批准了我的要求。到农场以后，场长对我很好。有一次，我同场长去开会，路上碰上雨，一个同志借了一件雨衣给场长，他要给我穿，我不肯，推来推去，最后俩人都有了才算作罢。

我生了一身疖子（疮），场长把我送到医院，场长、书记天天来看我，送东西给我，对我非常关心，我很感动。医生叫我住一个星期医院，我住了三天，就从窗户偷跑回来，到工地参加劳动去了。不久又调回县委工作，县委会要建立拖拉机站，团县委号召捐钱买拖拉机。我那月发薪二十九元，除了九元伙食费，捐了二十元。县委要我学开拖拉机，我又当了望城县第一名拖拉机手，学了五个月，就毕业了。回来时，张书记还给我戴了一朵大红花。

每天白天、黑夜，我就驾着拖拉机耕地，一天工作十多个小时，我也不觉得累，后来粮食丰收了，我非常高兴，原来是荒湖，现在开垦成了良田。

一九五八年，党发出大炼钢铁的号召。毛主席说，没有工业，就没有国防，没有人民的幸福。要有钢铁，就只有听毛主席的话，自力更生。那时鞍钢到望城县招工，我再三要求，还是不同意，我又找到张书记，才批准我。一九五八年十一月十五日离开县委机关，不久来到鞍钢，看到大机器，我非常高兴。到鞍钢后，人事科长找我谈话，说："你以前当过公务员，你还给领导当公务员，生活会好些。"我不同意，说我不是来享受的，是来工作的。后来，才送我到技校学习，学了两个月回来，当了推土机手，人小机器高，我就垫了一些被子等东西才勉强开得动。

一九五九年二月，全国各地很多青年到鞍钢学习，党给了我一个任务，要我帮兄弟厂带了个学员，厂里要给我三十六元师傅费，我拒绝了，有一个老师傅说给钱你不要，是"傻子"。我这个人，要没有党和毛主席连命都没有，能开推土机、学技术是党和毛主席给我的。

一九五九年八月，鞍钢扩大焦化厂，在辽阳建厂条件很艰苦，我要去，副厂长不让我去，在我坚决要求下，才让我去的。那里条件很差，有些同志不安心工作，不愿意挑大筐，不愿意盖房子，有的说怪话。这时我想起自己是共青团员，坚决不动摇，想起最艰苦的地方也是党最需要我的地方，是党考验我的时候。我就向李书记表决心，愿意干一辈子。李书记教育我说："干革命不但要埋头苦干，还得懂得

革命道理。"他买了一本毛主席著作给我。从那时起，我就开始学习毛主席著作。前一段我只知道感谢党的恩情，埋头苦干，自己干好了就行了，从这时起，我开始懂得了一点儿道理。但开始学习碰到很多困难，有些字不懂，像看小说一样。李书记又告诉我，学习毛主席著作要有的放矢，从实际出发，带着问题学习毛主席著作。那时盖房子是冬天，和稀泥是关键，是最艰苦的工作。稀泥供不上，这个困难怎么办，我就带着这个问题学习毛主席著作。毛主席说："艰苦的工作就像担子，摆在我们的面前，看我们敢不敢承担。担子有轻有重。有的人拈轻怕重，把重担子推

给人家，自己拣轻的挑，这就不是好的态度。"毛主席的教导使我得到深刻的启发，听毛主席的话，把重担子挑起来，一定选艰苦的工作干。我就争着去和泥。水结了冰，和不动，我就脱掉鞋袜、赤着脚，冷得很厉害，手脚都冻麻木了，但想到为祖国建立化工厂，心里挺暖和的，又有两个青年和我一起干起来，这是我学习毛主席著作第一次收到了效果。后来又搞技术革新，怎么搞？我又学习毛主席著作。毛主席说："你要有知识，你就得参加变革现实的实践。你要知道梨子的滋味，你就得变个梨子，亲口吃一吃。"我就和同志们一起参加劳动，又和同志们一起学习毛主席著作。有一天晚上，我正在学《关心群众生活，注意工作方法》，到半夜，突然下起雨来，我跑到调度室听说还有七千二百袋水泥没遮盖，被雨水打湿就完了，心里很着急。怎么办？我想到了向秀丽，想到了毛主席的教导："无数革命先烈为了人民的利益牺牲了他们的生命，使我们每个活着的人想起他们就心里难过，难道我们还有什么个人利益不能牺牲，还有什么错误不能抛弃吗？"这时我马上叫起二十多个青年，把自己的棉衣、被子拿去遮盖了水泥。被子被打湿了，但看到国家财产没有受损失我的心里很高兴。

党的八届八中全会以后，我学习了全会文件，自己想我

为人民公社做了什么？我每天就捡大粪积肥，一个月捡了八百多斤，送到了公社，公社要算钱，我说我没有什么礼物送公社，这些大粪就作为我的礼物吧！

一次碰到了一个老人在冬天早晨没有穿棉衣，我就脱了自己的棉衣，送给了他。毛主席说关心他人比关心自己为重。老人说不出话来，约我到他家去。他给地主放过二十多年羊，现在是个工人，有个母亲七十岁，爱人五十岁，还有三个孩子。我后来又送了几件衣服给他家，我常到他家，他还要我做干崽，我很爱他家。这是毛主席思想教导我所产生的阶级感情。

厂里开展社教以后，一次工会副主席对我说："工厂是集体的，你不要那么认真，要注意身体。"那天我睡不着、想不通，他是工会副主席，为什么还这样。又过了几天，他又找我谈："小雷，工厂大鸣大放，叫大家提意见，你要放就放几条，过去旧社会什么东西都有卖的，有鱼肉，现在什么也买不到。"我想，在旧社会吃鱼肉的是地主，穷人哪儿吃得起呢！心里对他有意见，但是不敢对他提意见，他是工会副主席。李书记说大鸣大放要站稳立场，听党、听毛主席的话，我看了《中国社会各阶级的分析》一文，我就用阶级分析的方法，对工会副主席进行了分析，看到他不是我们的人，我就将情况向李书记反映了，李书记要我以后注意他的言行。有一次在厕所，他又对一个新工人说过类似的话。我听了很气愤，马上报告了党委。经过调查才知道，他是一个混进党内的异己分子，当过土匪。后来，他被开除了党籍，进行劳动改造。这件事对我教育很深。

一九五九年十二月八日，李书记在青年会上做了应征入伍的报告，我听了很激动，一晚上也睡不着，半夜跑到了李书记那里，把他叫起去报名，连棉衣也忘记穿了。李书记把自己的棉衣给我穿上说："你先睡觉吧！明天再来。"当天晚上，我又写了一篇稿子"决心应征"。第二天早上四点钟我就去了，但只报了第二名。我想体检我一定要搞第一名，第二天半夜，我就起来去体检，传达室不让我去，我说是起来解手去，出了大门后，正碰上一辆军车，我就坐上了车，到了辽阳兵站。碰上了一位少校首长，一进门他就问："小雷，你怎么这么早？"我很奇怪，说："你怎么认识我？"他拿了一张登了我的消息的报纸给我看，说："你那次搞劳动，就认识了你。"他把我带到办公室谈了一会儿，问："你为什么要入伍？"我说："为了消灭帝国主义，要当解放军，保卫祖国，捍卫边疆不被侵犯。"

后来搞体检，量我血压高了，不合格。我说："我休息一会儿，再检查好吗？我昨天晚上没睡觉，今天早晨没有吃早饭。"后来李书记来了，对武装部政委说："他昨晚没

睡，很激动。"那位少校也给医生讲了，检查才合格。第二次检查身高，我就伸长脚尖，被医生发现，后来正好及格。检查体重我才四十八公斤，我又向医生说我还没吃早饭哩！吃了饭就会合标准！

一九六〇年一月八日我入伍了。我到了部队，首长把衣服、帽子给我一穿，我对着镜子一照，心里特别高兴，不知怎么说才好。一夜没睡，感冒了，营长半夜来查铺看我咳了几声，马上叫医生来给我看病，还把自己的被子给我盖上，使我非常感动。

首长经常对我说，我们的军队是人民的子弟兵，有明确的政治方向。他鼓励我做毛主席的好战士。懂得革命道理才能当好毛主席的好战士。我也积极学习毛主席的著作，挤时间学，有时晚上学习太晚，头昏，我就洗一洗脸。我想到自己的觉悟低，一定要好好学习，便利用开饭前后，有时连到厕所我也不放过学习。部队规定晚上九点钟熄灯，我就买了个手电筒，在被子里学。我学完了《毛泽东选集》一至四卷，其他政治书籍六十多本。重点学了《反对自由主义》《将革命进行到底》《矛盾论》《实践论》和"老三篇"。学了毛主席著作以后，我眼亮心宽，懂得了一个人应该怎样活着，树立什么样的人生观，这对我帮助很大。在学习中，我曾碰到很多困难，但我没有向困难低头。开展军事训练，投手榴弹，我体力差，投不远，这时又学习了毛主席著作，毛主席说要向困难做斗争。投手榴弹是练战斗本领，为了消灭敌人，不练好本领怎么消灭敌人？因此我经常天没亮就起来练投手榴弹，手臂练肿了，但我从未终止，练了一个多月，搞实弹练习时，我合格了。

一九六〇年十一月五日

做个优秀的校外辅导员

五月二十八日，我接到共青团抚顺市委的通知，叫我参加本市召开的表扬奖励少先队辅导员大会。通知上说，把我也评上了抚顺市的优秀大队辅导员。看完通知，我的心好久没有平静。

回想近两年以来，我被聘请为本市建设街小学和本溪路小学的校外大队辅导员后，在党的培养教育和支持下，尽自己的力量，利用业余时间和节假日的休息时间，帮助少先队开展一些有益的活动，给少年朋友们讲毛主席小时候的故事、战斗英雄故事，讲新旧社会对比等等，启发他们的上进心和阶级觉悟。比如，本溪路小学有个叫刘静的同学，她在福中生，也在福中长，可是不知旧社会的苦，所以也不懂今天的甜，因此，在当前国家处在困难时期，她的思想有些波动，学习不够安心，工作不主动，成绩也不好。自从我和她谈了新旧社会回忆对比，加上老师的耐心教育和同学们的帮助，她有了转变，变成了一个好同学，加入了光荣的少先队，还担任了中队的文娱委员，学习成绩也取得了五分。

建设街小学有些小朋友爱花零钱。我给他们讲了解放军艰苦朴素、勤俭节约的故事后，对他们有很大启发。为了进一步使他们了解点滴节约、积少成多的意义，我把他们带到部队，搬出自己的节约箱给他们看。有个同学看到我捡的大半箱牙膏皮，便惊奇地说："哎呀！怎么捡这么多？"我对他说，这是我平时在水沟里、垃圾堆里一个个捡起来的。站在旁边的一位同学说："真是滴水成河，积少成多呀！"当场有很多同学向我表示决心，一定做到勤俭节约，不乱花一分钱。过后，他们真的也做了节约箱，捡了不少碎铜烂铁、牙膏皮、螺丝钉等。他们的实际行动，真使我感到十分高兴，同时也使我受到了很大的启发。我想：孩子们处处向我们学习，那我们更应该好好地听党的话，积极工作，努力学习，提高自己，处处以身作则，以我们的模范行为去影响和教育他们。从此，我便时刻严格要求自己，老老实实地工作，更刻苦地学习，丰富自己的知识。和小朋友接触时，带他们做一些有益的游戏，教他们唱歌、跳舞、赛跑、做操、讲故事等。因此，小朋友非常愿意和我在一起，真是无话不说，非常团结；过去爱打架、吵嘴的小同学也都变了样。以前有几个不守纪律的同学，听我讲了邱少云的故事后，也都变得很文明、有礼貌了。这样一来，我和孩子们交上了知心朋友，建立了深厚的感情。有时我要上哪儿去开会或学习，他们知道后，总是把我围成一团，手拉手地把我送到车站，分别时总是恋恋不舍，有的同学还掉眼泪哩。

　　小朋友们对我这样好，使我更加热爱和关心他们，更感到自己责任的重大。我看到他们有什么困难，心里就过意不去。有个小朋友（张玄）丢了一支钢笔，没笔做作业，我立即把自己的钢笔送给她，并鼓励她好好学习。她有了钢笔真是高兴万分，学习更加努力。有一次，她把考试成绩单送给我看，看她得了五分，我内心格外快乐。

　　两年来，在党的领导下，在同志们和老师们的帮助下，我协助少先队做了一点点本身应做的工作，党和共青团却给了我很大的荣誉。这荣誉应归功于党，没有党我一事也做不成。我衷心感谢党和共青团对我的鼓励和关怀。我决心听党的话，努力学习毛主席著作，用毛泽东思想武装自己的头脑，在任何艰苦和困难的情况下，毫不动摇，坚定不移地

为伟大的共产主义事业奋斗到底。我决心更好地和小朋友们打成一片，帮助他们开展一些有益的活动。教育他们不忘过去，发奋读书，好好学习，天天向上。我要为培养共产主义的优秀接班人贡献自己的一点儿力量。

一九六二年六月二十九日